合肥工业大学图书出版专项基金资助项目

U0883739

“大学生职业发展与就业指导”

习　题　集

主　编　丁兆罡

副主编　黄　熙　周　彬　汪　士

合肥工業大學出版社

图书在版编目(CIP)数据

“大学生职业发展与就业指导”习题集/丁兆罡主编 . —合肥:合肥工业大学出版社,2021. 12

ISBN 978 - 7 - 5650 - 5303 - 0

Ⅰ. ①大… Ⅱ. ①丁… Ⅲ. ①大学生-职业选择-高等学校-习题集 Ⅳ. ①G647. 38

中国版本图书馆 CIP 数据核字(2021)第 094428 号

“大学生职业发展与就业指导”习题集

主编 丁兆罡 责任编辑 刘 露

出 版	合肥工业大学出版社	版 次	2021 年 12 月第 1 版
地 址	合肥市屯溪路 193 号	印 次	2021 年 12 月第 1 次印刷
邮 编	230009	开 本	710 毫米×1010 毫米 1/16
电 话	理工图书出版中心:0551 - 62903004	印 张	11. 75
	营销与储运管理中心:0551 - 62903198	字 数	199 千字
网 址	www. hfutpress. com. cn	印 刷	安徽联众印刷有限公司
E-mail	hfutpress@ 163. com	发 行	全国新华书店

ISBN 978 - 7 - 5650 - 5303 - 0 定价: 37. 00 元

如果有影响阅读的印装质量问题,请与出版社营销与储运管理中心联系调换。

前　言

《“大学生职业发展与就业指导”习题集》是“大学生职业发展”和“大学生就业指导”等公选课的配套教辅材料。编写这本书的初衷是帮助大学生巩固课堂所学知识，通过练习进一步增强大学生对生涯规划和求职就业过程中细节问题的掌握，为今后职业生涯规划和求职就业实践提供帮助。

本书的编写完全按照教育部办公厅印发的《大学生职业发展与就业指导课程教学要求》文件精神，涵盖职业规划、就业指导、职场适应三大板块，编写中还结合了高等院校实际情况，采纳了其他同类书籍的优点，也吸收了编写人员多年来从事大学生职业生涯规划与就业指导方面的教学和实践经验，理论与实践相结合使本书更具时效性和实际指导性。本书在编写过程中借鉴和参考了国内外职业发展和就业创业指导方面的大量文献资料，以及近年来出版的有关专著，在此向原作者表示诚挚的谢意。

本书的第一章至第四章由黄熙老师负责编写，第五章至第十章由汪士老师负责编写，第十一章至第十二章由周彬老师负责编写，全书由丁兆罡老师统稿。在本书编写的过程中，尽管我们做了很多积极的尝试和探索，但是由于水平有限、时间仓促，书中存在的错漏及偏颇之处在所难免，敬请专家同行和使用本教材的老师与同学们提出批评和建议。

编　者

2021 年 2 月

目　录

上　篇　“大学生职业发展”习题集

习题答案

上　篇
“大学生职业发展”习题集

第一章
职业发展与规划

【教学目标】 通过介绍职业对个体生活的重要意义以及分析高校毕业生的就业形势，激发大学生关注自身的职业发展；了解职业生涯规划的基本概念和基本思路；明确大学生活与未来职业生涯的关系。

【教学内容】

1. 职业对个体生活的重要意义以及高校毕业生的就业形势。
2. 所学专业对应的职业类别，以及相关职业和行业的就业形势。
3. 职业发展与职业生涯规划的基本概念。
4. 职业生涯规划与未来生活的关系。
5. 职业角色与其他生活角色的关系。
6. 大学生活对职业生涯发展的影响。

【教学方法】 课堂讲授、课堂活动与小组讨论。

一、单项选择题

1. 对职业生涯表述正确的是(　　)。

A. 指人的生命历程

B. 伴随人的成长而变化

C. 指人的一生中的职业历程

D. 指人的职业变化

2. 处在马斯洛需要层次理论中的最高层需要是(　　)。

A. 生理需要　B. 安全需要　C. 社会需要　D. 自我实现需要

3. “加入学生组织，时刻提醒自己为同学服务。”属于哪种发展境界？(　　)

A. 功利境界　B. 天地境界　C. 道德境界　D. 自然境界

4. “生涯主题”是指(　　)。

A. 我们非常期待能在职业和生活中得到满足的内心需要或价值追求

B. 成长经历

C. 意义事件

D. 成长楷模

5. 被称为“职业指导创始者”的是(　　)。

A. 马文塞顿　B. 霍兰德　C. 帕森斯　D. 舒伯

6. 人生的主体、在所有角色中居于核心地位的是(　　)。

A. 学生角色　B. 休闲者角色　C. 公民角色　D. 职业角色

7. 大学阶段的“生涯必修课”是(　　)。

A. 按学校要求完成

B. 充分的未来选项探索

C. 早早锁定职业目标

D. 与老师同学建立好关系

8. “限制-妥协”理论是有关(　　)的内容及其发展过程的理论。

A. 职业要求　B. 职业教育　C. 职业抱负　D. 职业发展

9. 职业生涯就是一个(　　)。

A. 动态的过程　B. 静态的过程　C. 主观的过程　D. 客观的过程

10. 决定职业生涯成败最关键的一步，即职业生涯规划的起点是(　　)。

A. 职业定位　B. 职业态度　C. 职业道德　D. 社会分析

11. “加入学生组织，自己积极参与活动的唯一动力是评奖评优。”属于哪种发展境界？(　　)

A. 自然境界　B. 道德境界　C. 功利境界　D. 天地境界

12. “限制-妥协”理论是(　　)提出的。

A. 戈特福瑞德森　B. 舒伯

C. 霍兰德　D. 帕森斯

13. 人文学科是关于人类处境的描述，实质是(　　)。

A. 美　B. 善　C. 真　D. 德

14. 社会科学以(　　)为主要研究对象。

A. 人工实在　　B. 社会领域　　C. 自然界　　D. 人

15. 首次提出“职业咨询”概念的是(　　)。

A. 弗兰克·帕森斯　　B. 萨莱维坦

C. 克利福德·约翰逊　　D. 舒伯

16. “职业指导之父”弗兰克·帕森斯（Frank Parsons）创立了(　　)理论，帮助人们选择职业。

A. 人格-价值　　B. 爱好-热情

C. 能力-兴趣　　D. 特质-因素

17. 在个体生涯发展中各种角色的关系是(　　)。

A. 同步推进的　　B. 彼此争夺资源的

C. 经常矛盾冲突的　　D. 相互支持的

18. 个体生涯规划(　　)。

A. 完全是个人的事

B. 由行动主导的

C. 很多时候身不由己

D. 是人与环境互动的结果

19. 职业活动区别于其他活动的一个重要标志是(　　)。

A. 有无经济收入或报酬

B. 有无独立的工作空间

C. 有无自由的支配时间

D. 有无专业技术技能

20. 高校校园文化建设的重要载体是(　　)。

A. 社团　　B. 研究所

C. 辩论赛　　D. 科技创新大赛

21. 专业范围属人文科学、数学、自然科学及其他科类中的基础理论领域的，通常会称为(　　)。

A. 学术型高等教育　　B. 专业型高等教育

C. 理论型高等教育　　D. 基础型高等教育

22. 专业学习占据了大学生活的大部分时间，大学生活的主体应该是

(　　)。

A. 休闲生活　　B. 社团活动　　C. 学术生活　　D. 集体生活

23. 广义的生涯是指(　　)。

A. 从生到死的历程　　B. 所做的职业过程

C. 工作角色的连续体　　D. 个人的职业成果

24. 职业生涯就是(　　)。

A. 从生到死的历程　　B. 从事职业的经历

C. 工作角色的连续体　　D. 个人的职业成果

25. 职业生涯规划的重要性是(　　)。

A. 帮助大学生最终实现自己的美好理想

B. 帮助大学生目标明确地发展自己

C. 帮助大学生不用太努力就可以发展自己

D. 帮助大学生找到理想的职业

26. 职业生涯规划最早起源于(　　)。

A. 1910 年的德国　　B. 1908 年的英国

C. 1910 年的日本　　D. 1908 年的美国

27. 通识教育的目的是培养(　　)。

A. “完整的人”

B. 社会主义事业接班人

C. 中国特色社会主义事业接班人

D. 专业技术人才

28. 以下表述正确的是(　　)。

A. 命运无洽谈室

B. 几乎所有人都在规划中

C. 生涯规划就是要顺其自然

D. 生涯根本无法规划

29. 根据美国学者马丁特罗的观点，高等教育毛入学率大于 50% 处于(　　)。

A. 精英阶段　　B. 大众化阶段

C. 普及化阶段　　D. 全民化阶段

30. 下面关于职业发展理论前提论述错误的是(　　)。

A. 人是追求生命意义的，人的一生总是有意或无意地沿着自己内心的生命意义在演进

B. 每个人的内心都对生命意义有自己独特的观点，但不是每个人都能清晰地描述出自己的观点，这取决于一个人的生活体验以及反思能力

C. 生命意义是生涯的最强指南针

D. 人的生命意义是虚无的，不必认真追求和反思

31. 下列哪项不是大学生职业生涯规划的核心内容(　　)。

A. 知己　B. 环境　C. 知彼　D. 决策

32. 在大学生活中，同学们休闲者角色的主要载体是(　　)。

A. 阅览图书　B. 社团生活　C. 课堂学习　D. 社会实践

33. 在大学期间，我们生涯发展的核心任务是(　　)。

A. 掌握专业技术知识

B. 不断提升自己的能力

C. 提高自己的思想道德修养

D. 参加社团活动，广泛交友

34. 参与职业实践包括(　　)。

①尝试性实践　②模拟性实践　③职业性实践　④参观性实践

A. ①②③　B. ②③④　C. ①②④　D. ①③④

35. 如果立足生存支点来规划职业生涯，会把(　　)作为主要导向。

A. 兴趣　B. 责任　C. 薪酬　D. 快乐

36. 关于大学生就业权益，下列表述不正确的是(　　)。

A. 就业信息是毕业生择业成功的前提和关键，毕业生具有获取信息的权利

B. 大学生在求职过程中，有接受就业指导和被推荐的权利

C. 大学生在求职过程中，有获取公平待遇及违约求偿的权利

D. 以上说法都不对

37. 从生涯发展阶段论的角度来看，大学生阶段属于(　　)。

A. 生涯探索期　B. 生涯成长期

C. 生涯建立期　D. 生涯混沌期

38. 一个社会越成熟，规则体系越健全。因而，随着中国特色社会主义市

场经济的发展，个人生涯最关键的努力应该是(　　)。

A. 加强专业能力提升　　B. 及早进入社会

C. 大学期间就去打工　　D. 提升交际技能

39. 在社会主义市场经济体制下，大学生毕业后的选择呈现(　　)趋势。

A. 单一化　　B. 多元化　　C. 分散化　　D. 层次化

40. 下列有关大学生活探索对确立职业目标作用论述错误的是(　　)。

A. 大学生活探索对于我们确立职业目标具有重要参考价值

B. 大学专业学习和课外活动中的亲身体验和主观感受是探索自身兴趣、优势潜能、性格倾向的重要源泉

C. 大学所学专业与职业目标之间存在必然的关系

D. 在学科学习、课外活动中接触到的各方面信息有助于大学生开阔眼界，扩展大学生职业选择的范围，让大学生看到更多的可能性

41. 所谓后悔的事，就是曾经没有做出更好的选择，那么(　　)。

A. 生涯规划就是为了避免生涯后悔

B. 后悔是无法避免的，因为时间会改变一切

C. 再好的选择，未来都有可能是后悔的

D. 生涯规划的目的就是减少生活后悔

42. 专业对口宏观的解释就是学有所用，所以(　　)。

A. 只要获得职业的价值即为对口

B. 专业对口可以忽略不管

C. 大学也学不到真正的东西

D. 职场才是学习的核心舞台

43. 如果本专业在学校开设时间不久，那么(　　)。

A. 需要主动研究本专业的体系与结构

B. 需要考虑本专业的基础性

C. 需要更认真投入地学习

D. 说明本专业有发展前景

44. “牢骚太盛防肠断，风物长宜放眼量。”从生涯规划角度如何理解？(　　)

A. 一个人应该志存高远　　B. 规划首先要有更大的视野

C. 小得小失并不是那么重要　　D. 人活着就是为了改变世界

45. 下面对行业发展与职业生涯发展关系说法最准确的是(　　)。

A. 行业发展影响职业生涯发展

B. 行业发展制约职业生涯发展

C. 行业发展为个人发展提供机会，职业生涯个人发展促进行业发展

D. 职业理想是实现社会理想的基础，社会理想制约着职业理想

46. (　　)直接影响职业活动的效率。

A. 职业能力　　B. 职业道德　　C. 职业个性　　D. 职业素养

47. 对于大学生来说，专业知识学习要达到的境界是(　　)。

A. 别人说起专业的东西都能回应　　B. 相关考试都顺利过关

C. 遇到较难的考试题会做　　D. 形成一个网络体系结构

48. 生涯的“以终为始”的规划是(　　)。

A. 不达目的不罢休的精神动力

B. 需要人设定一个固定的目标

C. 从“未来愿景”出发的当下定位

D. 生涯发展的过程不能偏离自己的目标

49. 如果一个人不喜欢自己当前的专业，那么对其进行“症状解”会是怎么样的？(　　)

A. 了解“不喜欢”的根源，加以应对

B. 引导其培养对专业的兴趣

C. 去主动学习感兴趣的专业

D. 从提升细化的能力去应对

50. 回忆往昔，我们往往会有一些后悔的事是因为(　　)。

A. 这是人生必然的事情

B. 曾经的努力是在小视野里进行的

C. 缺乏高人的指点

D. 所学的知识太窄了

51. 完成大学专业的体系化建构，需要(　　)。

A. 记忆大量的知识点　　B. 争取考试都得到高分

C. 多听从老师的安排　　D. 按专业培养目标系统成长

52. 因为“计划赶不上变化”，由此认为生涯规划没用是因为(　　)。

A. 规划与现实难以调和　　B. 缺少专业人员支持
C. 把生涯规划静态化了　　D. 缺乏有效规划方法

53. 舒伯的生涯理论是(　　)。
A. 发展论　B. 认识论　C. 决定论　D. 匹配论

54. 大学阶段属于生涯的“自我认同”阶段，意味着(　　)。
A. 对自己的特征、目标有清晰的认定性
B. 找到稳定的亲密关系
C. 提升个人的信心水平
D. 在群体中找到归属

55. 对未来充满迷茫的大一学生，合理的生涯建议是(　　)。
A. 车到山前必有路
B. 要找专业人员去做个规划
C. 大家都迷茫，所以无所谓的
D. 当前阶段正是探索期，需要主动探索、尝试

56. 如果你的具体生活实践偏离了你认同的生命意义，你会感觉(　　)。
A. 满足　　B. 自信
C. 空虚、自卑、缺乏希望　　D. 具有成就感

57. 大学生活的主体，占据大学生活黄金时段的是(　　)。
①学生角色　②家庭角色　③公民角色　④休闲者角色
A. ①②　B. ①③　C. ①④　D. ②④

58. 职业生涯规划有三个层次的支点：(　　)。
①生存支点　②发展支点　③兴趣支点　④自由支点
A. ①②③　B. ②③④　C. ①③④　D. ①②④

59. 下列哪一项是职场素质培养目标确立的前提？(　　)
A. 职业生涯规划　　B. 职业资格获取
C. 职业意识培养　　D. 职业沟通技巧

60. 职业生涯规划是指(　　)。
A. 针对个人职业选择的主观因素进行分析和测定，确定个人的奋斗目标并努力实现这一目标的过程
B. 针对个人职业选择的客观因素进行分析和测定，确定个人的奋斗目标

并努力实现这一目标的过程

C. 针对个人职业选择的主观和客观因素进行分析和测定，确定个人的奋斗目标并努力实现这一目标的过程

D. 针对个人职业选择的环境因素进行分析和测定，确定个人的奋斗目标并努力实现这一目标的过程

61. 生涯发展具有一定的规律性，是指(　　)。

A. 生涯领域有许多理论

B. 人生发展是一个确定性的事

C. 不同的人生阶段有不同的生涯任务

D. 个人可以主动改变的东西不多

62. 大学生在职业生涯规划中进行职业定位时，应注意的是(　　)。

A. 行业发展趋势与岗位薪酬待遇

B. 目标职业甄选与职业路径选择

C. 职业工作环境与职业兴趣爱好

D. 个人成长机会与工作强度难度

63. 职业发展的信念和态度包括(　　)。

①乐观　②主动　③开放　④坚持

A. ①②③　　B. ②③④　　C. ①②④　　D. ①②③④

64. 职业成功的基础是(　　)。

A. 主动性　　B. 进取心　　C. 坚韧性　　D. 控制点

65. 工程科学以(　　)为主要研究对象。

A. 社会领域　　B. 自然界

C. 人　　D. 人类社会生存发展的需求

66. 管理学是一门综合性的(　　)。

A. 工程科学　　B. 社会科学　　C. 人文科学　　D. 交叉学科

67. 生涯规划最重要的部分是(　　)。

A. 清晰自己有什么资源　　B. 定位自己的价值追求

C. 了解自己是什么样的性格　　D. 有一个好工作

68. 总体而言，职业生涯规划的“基本点”是(　　)。

A. 让自己学有所用　　B. 随时准备着改变

C. 成就快乐生活　　D. 让自己更成功

69. 所谓的生涯认同就是(　　)。

A. 基于自己的专业定位自己的发展

B. 根据自己的资源确定发展方向

C. 对自己成为什么样的人的坚定性

D. 与社会主流一致的生涯决定性

70. 大学生勤工助学是一种(　　)。

A. 社会实践活动

B. 有经济补偿的社会实践活动

C. 没有经济补偿的社会实践活动

D. 学生自愿参加的社团活动

71. 职业生涯规划的第一步是(　　)。

A. 自我分析　　B. 确立目标　　C. 可行性分析　　D. 设计方案

72. 生涯规划中的“补课”意味着(　　)。

A. 比别人学更多的东西

B. 遇到了生涯的转折点

C. 规划没有做好，不得不做出调整

D. 曾经的生涯任务没完成需要去弥补

73. “我觉得要使自己活着，就是为了使别人生活得更美好。”这句话体现了(　　)。

A. 每个人活着都是为了他人

B. 人活着就是为了自己

C. 人的价值就在于对社会的贡献

D. 人只有社会价值而没有个人价值

74. 对一个人的职业目标和择业动机起着决定性作用的是(　　)。

A. 职业价值观　　B. 职业伦理　　C. 职业道德　　D. 职业意向

二、多项选择题

1. 舒伯的生涯发展阶段分成若干阶段，分别是：成长阶段、(　　)。

A. 探索阶段　　B. 建立阶段　　C. 维持阶段　　D. 退出阶段

2. 舒伯所说的六种角色分别是：学生、持家、休闲、子女、（　　）。

A. 父母　　B. 公民　　C. 工作者　　D. 退休者

3. 马克思认为“休闲”是“用于娱乐和休息的余暇时间”，它包括（　　）。

A. 个人受教育的时间

B. 发展智力的时间

C. 履行社会职能的时间

D. 进行社交活动的时间、自由运用体力和智力的时间

4. 以下属于家庭角色的是(　　)。

A. 夫妻/伴侣　　B. 公民　　C. 持家者　　D. 父母

5. 美国著名的教育社会学家马丁·特罗教授提出了高等教育三阶段论，即(　　)。

A. 全民　　B. 精英　　C. 大众　　D. 普及

6. 文学是一种将语言文字用于表达社会生活和心理活动的学科，是指以语言塑造形象反映社会生活，并作用于社会生活的一种艺术形式。中国一般将其分为(　　)。

A. 诗歌　　B. 散文　　C. 小说　　D. 戏剧文学

7. 校内勤工助学岗位大致可以分为(　　)。

A. 工勤类　　B. 教辅类

C. 信息技术类　　D. 行政助理类

8. 以下关于哲学表述正确的是(　　)。

A. 哲学是对自然知识、社会知识和思维知识的概括和总结

B. 哲学是理论化、系统化的世界观，哲学世界观包含人生观和价值观

C. 哲学是一门科学，又是一种社会意识形态

D. 哲学是世界观和方法论的统一

9. 在大学期间，我们生涯发展的核心任务就是不断提升自己的能力，包括(　　)。

A. 通用能力　　B. 通识能力　　C. 专业能力　　D. 专家能力

10. 哲学与各门具体科学知识的区别表现在(　　)。

A. 哲学的对象是自然、社会、思维发展的一般或普遍规律

B. 具体科学的对象是世界的某一方面、某一领域的特殊规律
C. 哲学的对象是世界的某一方面、某一领域的特殊规律
D. 具体科学的对象是自然、社会、思维发展的一般或普遍规律

11. 职业生涯规划可以(　　)。
A. 帮助你扬长避短地发展自己
B. 帮助你不用太努力就可以发展自己
C. 帮助你最终能实现自己的美好理想
D. 帮助你目标明确地发展自己

12. 自然科学最重要的两个支柱是(　　)。
A. 观察　　B. 思考　　C. 选择　　D. 逻辑推理

13. 职业生涯规划应有的态度是(　　)。
A. 紧随当前趋势　　B. 长远计划与近期计划相结合
C. 目标清晰但能灵活变通　　D. 坚定不移实现目标

14. 生涯有所成就的人往往都有(　　)。
A. 比较执着的理想与目标　　B. 与时代需求合拍的应变力
C. 整合抓取时代资源的能力　　D. 孜孜不倦的奋斗精神

15. 生涯发展是一个螺旋上升的过程，因为(　　)。
A. 环境条件随时间推移会变化
B. 人总是在竞争中的
C. 人的能力有限，有时需要等待时机
D. 人与环境互动有相互改造性

16. 生涯愿景是(　　)。
A. 个人认同的未来　　B. 一个清晰的发展计划
C. 能激发积极体验的想像　　D. 拥有信心的期待

17. 规划就是基于对某种趋势预测之后的未雨绸缪，所以(　　)。
A. 要选择一个拥有“趋势”的专业
B. 要对行业发展的前瞻性有所了解
C. 要认真学习专业课
D. 要与同学建立好关系

18. 大学期间过分强调“学以致用”会(　　)。

A. 使学习的体系性受损
B. 忽略了一些基础知识的学习
C. 无法掌握本专业的思维体系
D. 使所学满足于短期应用

19. 以下哪些可以表明一个人拥有了本专业的体系化知识：(　　)。
A. 可以不用翻书把本专业内容讲授一段时间
B. 每次考试都取得较好的成绩
C. 可以简洁易懂地给非专业人讲解本专业知识
D. 遇到本专业相关的名词，可以准确地进行解释

20. 作为一个大学低年级的学生，保持对未来的开放态度是值得的，因为(　　)。
A. 世界是变动的，要随时准备改变自己
B. 这样可以促进学生开拓更多可能性
C. 这样能够促进学生在大学期间更好地进行职业探索
D. 选项足够多时才能做出更明智的生涯定位

21. 职业生涯规划中的“资源诅咒”是指(　　)。
A. 资源有时候会突然失去
B. 资源多时会遭人妒嫉
C. 拥有的资源会限定人的能力区间
D. 拥有的资源有时会成为负担

22. 如果执着于专业不放，就会极大地限制未来可能的职业空间。因此需要(　　)。
A. 专业学好与否都不是最重要的
B. 专业外的可能性也要予以考虑
C. 跳出圈子，探索更多可能性
D. 更广泛学习而不能只守着专业

23. 专业学习的过程中，会磨炼人许多方面的能力，因此(　　)。
A. 从专业能力来拓展职业会有更广阔的空间
B. 职业定位要专一
C. 要主动强化专业能力
D. 如果与目标不吻合，就没必要学好

24. 为什么没有必要追求专业与职业的一一对应关系？(　　)

A. 职业对人的要求是多方位的

B. 专业都有一定的外延拓展

C. 专业到职业是一对多的关系

D. 通过探索定位职业，然后强化专业学习

25. 大学阶段是生涯探索阶段，这时需要尽可能多地做职业体验，因为(　　)。

A. 这时的职业体验成本较小

B. 进入职场后重新决策的成本高昂

C. 大学生年轻，精力旺盛

D. 可以广泛体验而不急决策

26. 大学里进行知识学习的途径有(　　)。

A. 上课　　B. 课外阅读

C. 同学交流、讨论　　D. 网络文献库搜索

27. 大学生专业知识体系的提升过程是(　　)。

A. 初期提升速度快　　B. 遇到高原期进步慢

C. 需要获得检查整合　　D. 只要考试成绩过关即可

28. 以下属于职业生涯规划作用的是(　　)。

A. 了解社会　　B. 认识自我　　C. 开发潜能　　D. 优化行动

29. 大学的主要舞台在课堂，在课堂上可以磨炼的技能有(　　)。

A. 听讲　　B. 逻辑思考

C. 高效做笔记　　D. 创新

30. 大学阶段，是大学生一生中重要的自我整合阶段，需要(　　)。

A. 把握好当前的核心任务与目标

B. 着力打好相关基础

C. 为进入职场创造价值做好准备

D. 让大学生活拥有充实的内涵

31. 以下属于大学生生涯必修课内容的是(　　)。

A. 丰富个人文化修养　　B. 扎实的专业学习

C. 广泛的社会实践　　D. 培养出一两项休闲能力

32. 数学家高斯小时候意外解出一道数学难题，是因为他“坚信”能，所以(　　)。

A. 生涯成长的第一步就是对自己更好未来的“坚信”

B. 正好这道题他以前练过

C. 信心与否是事情成败的关键

D. 做好积极的思想准备是生涯成长的关键

33. 职业活动是人类生存、生活的根基。对这句话理解正确的是(　　)。

A. 职业是人们为社会做贡献的舞台

B. 职业能带来稳定的收入

C. 职业是人们实现人生价值的舞台

D. 职业是人们谋生的手段

三、判断题

1. 大学的学生基层组织就是指学生会。(　　)

2. 人们需要从成长经历中寻找生涯主题。(　　)

3. 人文学科的根本目的是要获取关于对象的知识。(　　)

4. 社会科学以社会领域为主要研究对象，多用实证、理性的方法。(　　)

5. 社团是由本年级、本院系兴趣爱好相近的同学组成的。(　　)

6. 我们需要按照面面俱到、成就大小等原则来绘制自己的生涯漫游图。(　　)

7. 职业生涯规划是一个动态变化的过程。(　　)

8. 职业生涯规划是对未来的决策。(　　)

9. 只要有报酬、有收入的劳动就是职业。(　　)

10. 哲学是世界观和方法论的统一。(　　)

11. 如果我们要过上自己想要的生活，要注意两个方面：一个是方向，另一个是效率。(　　)

12. 生涯是我们采取行动的结果。(　　)

13. 生涯规划的一个重要前提就是要有多个选项。（　　）

14. 职业生涯规划是一种技术性设计。（　　）

15. 把所学知识往周边专业拓展，是一个积极的规划行为。（　　）

16. 大学毕业后的工作与专业完全没有关联性，说明专业白学了。（　　）

17. 用强制手段完成学业目标，能够建立专业知识体系。（　　）

18. 大学所学专业很快就过时了，因此没有必要学到极致。（　　）

19. 一个专业领域越基础的科目，越具有广泛的迁移性。（　　）

20. 大学专业的学习，应该更关注基本理论体系、结构的搭建。（　　）

21. 对于一个真正拥有坚实专业基础的人，跨领域换工作很容易。（　　）

22. 在专业的知识体系基础上的技能更有成长性与未来竞争力。（　　）

23. 作为探索阶段的大学生涯，需要丰富的社会体验来探索、定位自己。（　　）

24. 大学期间最好的生涯规划就是一心向学，在专业圈内有目标地成长。（　　）

25. 这个时代强调专业性，其实就是在强调专业地解决问题能力。（　　）

第二章 影响职业规划的因素

【教学目标】 了解影响职业发展与规划的内外部重要因素，为科学、有效地进行职业规划做好铺垫与准备。

【教学内容】

1. 影响职业生涯发展的自身因素。
2. 影响职业生涯发展的职业因素。
3. 影响职业生涯发展的环境因素。

【教学方法】 课堂讲授、课堂活动、小组讨论、案例分析。

一、单项选择题

1. 知识成果（Knowledge Outcomes）是指(　　)。

A. 你未知的　　B. 你知道的

C. 你能够做到的　　D. 你想做该做的事

2. 机遇是影响职业生涯的(　　)。

A. 偶然因素　　B. 必然因素　　C. 主观因素　　D. 客观因素

3. 偶发事件是指(　　)。

A. 不在人们事先安排和预料范围内的事情

B. 在人们事先安排和预料范围内的事情

C. 客观上必然发生的事情

D. 主观上认定要发生的事情

4. 通常用(　　)来描绘胜任力的结构模型。

A. 六边形　　B. 树形　　C. 冰山模型　　D. 鱼骨形

5. 态度成果（Attitude Outcomes）是指(　　)。

A. 你敢做的事　　B. 你知道的

C. 你能够做到的　　D. 你想做该做的事

6. 下列描述不属于大学生运用合理情绪疗法的是(　　)。

A. 认识到不良情绪不是源于外界，而是由自己的非理性信念所造成的

B. 情绪困扰得不到缓解是因为自己仍保持过去的非理性信念

C. 只有改变自己的非理性信念，才能消除情绪困扰

D. 不良情绪的来源是社会动荡和变革

7. 下列属于自我调适的方法是(　　)。

A. 自我静思法　　B. 催眠法

C. 系统脱敏法　　D. 休闲法

8. 以下关于自我控制，不正确的是(　　)。

A. 通常在压力面试中重点考察

B. 主要考察点是外显言行和情绪控制

C. 回答问题的关键是换位思考

D. 必要时可以争执和冲突

9. 被父母逼迫考了5次公务员的合肥女孩最核心的生涯困扰是(　　)。

A. 不知道自己喜欢什么职业

B. 能力不足，考不上公务员

C. 不了解职场

D. 父母和自己看法不一致，又无法说服父母

10. 先就业再择业的最大问题是(　　)。

A. 没问题　　B. 路径依赖　　C. 效率高　　D. 效率低

11. 生涯认同就是(　　)。

A. 基于自己的专业定位自己的发展

B. 根据自己的资源确定发展方向

C. 对自己成为什么样的人的坚定性

D. 与社会主流一致的生涯决定性

12. 在职业规划的(　　)，我们都要定期检查环境的变化并且及时调整原定的职业生涯规划。

A. 第一阶段　B. 第二阶段　C. 第三阶段　D. 每个阶段

13. 以下属于技能成果（Skill Outcomes）的是(　　)。

A. 沟通、解决问题等能力

B. 诚信、价值观

C. 数学、工程、物理等知识

D. 道德、法治

14. 大学生进行自我心理调适的正确途径是(　　)。

A. 建立自信、正视社会现实、培养独立意识、正确对待挫折

B. 建立自信、加强社会实践、培养专业技能、正视社会现实

C. 正视社会现实、培养独立意识、培养团队意识、正确对待挫折

D. 正视社会现实、加强社会实践、培养专业技能、勇于独立思维

15. 根据“生涯彩虹图”可知(　　)。

A. 角色越多说明规划越好

B. 生涯就是诸多角色平衡发展的过程

C. 人的角色越多越幸福

D. 人的角色很多、很无奈

16. “生涯彩虹图”的最外层代表(　　)。

A. 人生的宽度　B. 人生的深度

C. 人生的广度　D. 人生的精度

17. “生涯彩虹图”的里面各层代表(　　)。

A. 人生的时间　B. 人生的空间

C. 人生的宽度　D. 人生的广度

18. 职业锚理论将人的职业锚分为(　　)。

A. 三种类型　B. 四种类型　C. 五种类型　D. 六种类型

19. 按照舒伯职业生涯发展理论，人的职业发展过程分为(　　)阶段。

A. 三个　B. 四个　C. 五个　D. 六个

20. 任何人的职业生涯发展都会呈现(　　)的特点，即一个人的职业生涯发展会通过内外两个方面体现出来。

A. 一元性　B. 二元性　C. 三元性　D. 反向性

21. 对于处于职业探索以及建立阶段的人来说，首要任务是积累经验，将

关注点放在(　　)上。

A. 前职业生涯　　B. 后职业生涯

C. 外职业生涯　　D. 内职业生涯

22. 职业生涯发展好比拾麦穗，以下理解正确的是(　　)。

A. 职业生涯发展是单程旅行，是不可逆的

B. 职业生涯发展是双程旅行，是可逆的

C. 职业生涯发展是多程往返的

D. 职业生涯发展是单程可逆的

23. 认知信息加工模型的决策技能领域为(　　)。

A. 自我知识　　B. 职业知识　　C. 元认知　　D. CASVE 循环

24. 不是影响职业生涯规划内在因素的是(　　)。

A. 受教育因素　　B. 身心健康

C. 性别因素　　D. 人才市场体制

25. 关于“职业生涯规划是一个从价值观定位到功能定位的过程”的说法，以下哪项是错误的？(　　)

A. 价值认同基础上的规划才能让功能实践更有效率

B. 目标认同是基于个人价值追求的

C. 结合眼前资源则是一个功能实现过程

D. 生涯规划成败的标准就是职场收入

26. “心想事成”就是一个从规划到计划、从想法到行动、从宏观到微观的过程，以下表述正确的是(　　)。

A. 规划说到底其实就是一个偶然

B. 规划比行动重要

C. 规划让行动更有效

D. 行动比规划重要

27. 职业生涯规划的重点是“在生涯的视野里，找到目标认同”，这是因为(　　)。

A. 这样才能让人内心找到确定性

B. 短期目标往往比长期目标更有激励性

C. 只有更大的视野，才能获得更长远的正确决策

D. 更大的视野，会拥有更多的机会

28. 社会认知生涯理论由(　　)提出的。

A. 班杜拉　　B. 帕森斯　　C. 舒伯　　D. 霍兰德

29. “生涯彩虹图”中的“子女角色”有一个从多变少的过程，说明(　　)。

A. 子女角色影响了学习

B. 个人在长大过程中逐步找到自己的空间

C. 只要父母健在，这个角色都是天然的

D. 说明与父母感觉变淡漠了

30. 二十世纪五十年代，社会公众对农民职业表现出极大兴趣；六十年代社会兴趣转移到工人身上；七十年代以军人为职业向往；改革开放后的八十年代，行政干部、金融职员成为热门职业；九十年代随着社会主义市场经济的建立，下海经商又成为许多人义无反顾的职业目标，这说明(　　)。

A. 职业分工不同

B. 职业没有高低贵贱

C. 职业的社会评价往往体现出浓厚的传统色彩和保守色彩

D. 职业的社会评价是一个动态的发展过程

31. 舒伯将职业价值观划分为三大类：即(　　)。

A. 内在价值、外在价值、外在报酬

B. 内在价值、外在价值、自我价值

C. 内在价值、内在报酬、外在报酬

D. 内在价值、外在价值、内在报酬

32. 生涯漫游图的绘制体现了(　　)。

A. 每个人的职业倾向是先天决定的

B. 未来发展方向是确定的

C. 人人都有艺术的需要

D. 将看似散落的事件联系起来的思维创造力

33. 普林斯顿大学的调查表明：对工作表现的影响因素，占比最高的是(　　)。

A. 专业　　B. 智慧　　C. 经验　　D. 沟通

34. 信息在传递过程中会迅速衰减，因此(　　)。

A. 需要更多地表达自己

B. 需要即时反馈来确认、校正

C. 沟通是很难客观的

D. 沟通是件困难的任务

35. 职业价值观调整的三个阶段是(　　)。

A. 选择阶段—行动阶段—赞赏阶段

B. 赞赏阶段—选择阶段—行动阶段

C. 行动阶段—选择阶段—赞赏阶段

D. 选择阶段—赞赏阶段—行动阶段

36. 以下属于职业理想的是(　　)。

A. 小刘的理想是挣够了钱去周游世界

B. 小赵干的是会计工作，他希望五年内成为一名出色的会计师

C. 小张从参军入伍那天开始就立志要当将军

D. 小王在某工地打工，他的理想是通过自学考试，获得大学文凭

二、多项选择题

1. 利用生涯混沌理论阐述生涯规划的论述正确的有(　　)。

A. 人的生涯因为受到各种因素的复杂影响，表面上貌似无序

B. 内在却存在着一种无序中的“有序”，这种有序不同于我们一般理解的线性因果关系，而是一种“整体序”

C. 当中存在着某种引力中心（混沌理论中称为“吸引子”），它会吸引着系统内的所有运动都向它靠拢

D. 站在整个系统的层面观察，你就能看清这个系统呈现出的整体规则

2. 内职业生涯和外职业生涯的关系是(　　)。

A. 外职业生涯发展是内职业生涯发展的前提

B. 内职业生涯发展是外职业生涯发展的前提

C. 外职业生涯带动内职业生涯的发展

D. 内职业生涯带动外职业生涯的发展

3. 生涯混沌理论所阐析的实质是(　　)。

A. 表面无序，整体有序

B. 蝴蝶效应

C. 貌似无关的经历之间其实都存在着某种内在联系

D. 无规律可循

4. 素质模型的要素有(　　)。

A. 内在动机　B. 知识技能　C. 自我形象　D. 社会角色

5. 一个完整的职业规划由(　　)构成。

A. 职业测评　B. 职业定位　C. 目标设定　D. 通道设计

6. 素质模型的应用主要体现在(　　)。

A. 定位社会角色　B. 招聘选拔

C. 个性化培训　D. 职业发展

7. 班杜拉的社会认知生涯理论有三个相互影响的核心变量，即(　　)。

A. 自我效能　B. 结果预期　C. 个人目标　D. 职业兴趣

8. 社会认知生涯理论包含三个相互关联的子模式，即(　　)。

A. 职业兴趣模式　B. 职业选择模式

C. 工作选聘模式　D. 工作绩效模式

9. 素质模型在职业发展中应用表述正确的有(　　)。

A. 帮助个人进一步明确素质发展目标

B. 有效地开展职业生涯发展规划，为自己指明发展的道路

C. 促进自己对职业生涯和组织的业务发展负责

D. 实现职业发展目标

10. 以下关于内职业生涯因素表述正确的是(　　)。

A. 通常由别人决定、给予

B. 也容易被别人否定、剥夺

C. 由自己探索、获得

D. 不随外职业生涯因素的改变而丧失

11. 以下关于外职业生涯因素表述正确的是(　　)。

A. 通常由别人决定、给予

B. 也容易被别人否定、剥夺

C. 由自己探索、获得

D. 不随外职业生涯因素的改变而丧失

12. 以下属于内职业生涯的是(　　)。

A. 知识技能　B. 经验观念　C. 职务职称　D. 薪酬地位

13. 职业生涯规划的三个核心要素是(　　)。

A. 有一个认定的发展方向

B. 立足现实条件的资源整合

C. 建立广泛的人脉资源

D. 过程实践的充实体验

14. 职业特征主要包括(　　)。

A. 社会属性　B. 规范性

C. 功利性　D. 技术性和时代性

15. 系统规划法的要素是(　　)。

A. 对目标的定位　B. 持续而积极的行动

C. 对自我的清晰认知　D. 对环境资源的把握

16. 直觉式的生涯规划方法(　　)。

A. 长远可能会有问题　B. 有时会效率高

C. 是一种“无规划”状态　D. 有时会缺乏责任感

17. 在不好的学习氛围下学习，往往会有来自两方面的成长阻力，分别是(　　)。

A. 因为资源有限，会有优秀学生的打压

B. 高考分数一般比较低一些

C. 有较低水平同学的引诱

D. 校园环境一般也不好

18. 如果明确不喜欢自己所学的专业，重新规划的做法是(　　)。

A. 积累未来喜欢领域的求职素材

B. 主动参与喜欢的领域的实践

C. 根据自己的 V、I、P 特征定位适合的领域

D. 由本专业向心仪的领域拓展

19. 外生涯与内生涯的区别是(　　)。

A. 前者更内隐

B. 前者是表面的

C. 内生涯是外生涯的核心

D. 外生涯是职场成功的关键

20. 内生涯一般表现为(　　)。

A. 个人专业知识、技能和经验的积累

B. 专业拓展与提升

C. 薪资获得可观的增长

D. 职业成就与满意感

21. 为了让自己在职场拥有持久的内生涯成长，需要(　　)。

A. 与同事建立良好的关系

B. 继续自学专业相关理论

C. 主动实践并寻求资深同事的指导

D. 及时明确个人的生涯目标

22. 职业生涯规划有三个层次的支点，即(　　)。

A. 生存支点　　B. 发展支点　　C. 兴趣支点　　D. 理想支点

23. 以下属于职业发展的态度与信念的是(　　)。

A. 乐观　　B. 主动　　C. 开放　　D. 坚持

24. 建立专业的体系与结构，应该采用的学习方法是(　　)。

A. 严格按照学科设计认真学习

B. 充分的专业实践与反思

C. 需要记忆大量的基础知识

D. 不特别关注每一个知识点的应用价值

25. 以下关于职业发展模式表达正确的是(　　)。

A. 有明确目标和清晰路线图的职业发展模式称为线性路径

B. 有明确目标和清晰路线图的职业发展模式称为非线性路径

C. 复杂的、受到大量不可控因素影响从而无法做长期规划的职业发展模式叫非线性路径

D. 复杂的、受到大量不可控因素影响从而无法做长期规划的职业发展模式叫线性路径

26. 以下属于外职业生涯的是(　　)。

A. 知识技能　　B. 经验观念　　C. 职务职称　　D. 薪酬地位

27. 职业成功的评价主体包括(　　)。

A. 他人评价　　B. 个人评价
C. 组织外部评价　　D. 组织内部评价

28. 以下属于影响职业生涯规划的因素有(　　)。
A. 兴趣　　B. 性格　　C. 能力　　D. 需求

29. 美国的心理动力论者认为职业选择是个人(　　)相结合的结果。
A. 快乐原则　　B. 理想原则　　C. 环境原则　　D. 现实原则

30. 以下属于影响职业生涯的社会因素有(　　)。
A. 社会阶层　　B. 经济发展水平
C. 社会价值观念　　D. 政治制度

31. 影响职业生涯发展的因素主要有(　　)。
A. 个人因素　　B. 社会因素　　C. 家庭因素　　D. 环境因素

32. 职业生涯受到多种因素的影响，下列选项属于个人影响因素的有(　　)。
A. 个人能力　　B. 兴趣　　C. 性格　　D. 教育

33. 自身能力是职业生涯选择的考虑因素之一。低能力学生有意识地选择高能力型职业或高能力学生有意识地俯就低能力型职业，都是现实存在的。这两种选择会造成(　　)。
A. 职业安全感　　B. 职业自信心
C. 职业不适应感　　D. 人才资源的浪费

34. 以下属于职业生涯决策影响因素中的自我因素的是(　　)。
A. 体重　　B. 年龄　　C. 健康　　D. 个性特征

35. 通常从能力素质的适用范围将其分为两类，分别是：(　　)。
A. 实践能力素质
B. 理论能力素质
C. 核心能力素质
D. 专业能力素质

36. 以下对价值观理解正确的是(　　)。
A. 价值观思想认识上的统一是人际关系的基石
B. 价值观利益上的互动和协调是人际关系的核心
C. 价值观信息上的沟通是健康人际关系形成的关键

D. 价值观实践上的一致是人际关系的保证

37. 路径依赖是指(　　)。

A. 一个事物往往会有发展的惯性

B. 一个人建立起来个人生涯定位

C. 一件事付出越多改变越难

D. 进入职场，人往往就被锁定在特定领域

三、判断题

1. 一个人的职业生涯是可以被规划的，职业生涯规划绝不是“天方夜谭”。(　　)

2. 内在干扰主要指房间里的噪音。(　　)

3. 对于专业知识的学习，需要以“木桶理论”来思考，注意弥补短板。(　　)

4. 如果不喜欢当前的专业，需要避免因为路径依赖而继续读研究生。(　　)

5. 生涯发展中遇到阻力与挑战即归因于他人与环境，这就是一种简化思维。(　　)

6. 只有清晰地定位自己的目标时，才能知道自己想要什么，从而积极寻求支持。(　　)

7. 专业的数量远远多于职业。(　　)

8. 兴趣是职业生涯选择的重要依据。(　　)

9. 职场成长的一个关键，就是清晰自己的价值追求，而不是以别人的生活状态作为自己的成败参考。(　　)

10. 社会标准更多关注的是“内生涯”成长。(　　)

11. 大学生正处在生涯探索阶段，职业偏好在这个过程中可能逐渐具体化和特殊化。(　　)

12. 学习任何专业的学生在同一所高校中拥有的资源是相似的。(　　)

13. 教育是培养人的一种自然活动，它广泛地存在于人类社会生活之中。（　）

14. 大学生应主动培养自己的可迁移技能，可迁移技能是在大学课外学习、生活、活动中就能获得和进行改善的能力。（　）

15. 美国的心理动力论者认为职业选择是个人快乐原则与现实原则相结合的结果。（　）

第三章
认识自我

【教学目标】 引导学生通过各种方法、手段来了解自我，并了解自我特性与职业选择和发展的关系，形成初步的职业发展目标。

【教学内容】

1. 能力与技能的概念；能力、技能与职业的关系；个人能力与技能的评定方法。

2. 兴趣的概念；兴趣与职业的关系；兴趣的评定方法。

3. 人格的概念；人格与职业的关系；人格的评定方法。

4. 需要和价值观的概念；价值观与职业的关系；价值观的评定方法。

5. 整合以上特性，形成初步的职业期望。

【教学方法】 课堂讲授、使用测评工具、案例分析。

一、单项选择题

1. 个人对自己所希望从事的职业及对自己职业行为结果的意义、作用、效果和重要性的总体评价是(　　)。

A. 职业评价　B. 职业价值观　C. 职业态度　D. 职业认知

2. 以下直接影响职业活动效率的是(　　)。

A. 职业能力　B. 职业个性　C. 职业素养　D. 职业道德

3. 作为心理学历史最为悠久的实际应用，(　　)的社会价值已经得到广泛认可。

A. 心理测量　B. 心理定位　C. 心理分析　D. 心理咨询

4. 职业兴趣是人们对职业及与职业有关活动的(　　)和选择性态度。

A. 消极情绪反应　　B. 愤怒情绪反应
C. 积极情绪反应　　D. 喜悦情绪反应

5. “不是所有迷茫的人都失去了前进的方向”准确地反映了(　　)的过程。

A. 职业测试　　B. 意义事件练习
C. 生涯漫游　　D. 成长楷模练习

6. 一生只从事一种职业并坚持职业生涯向纵深发展的生涯路线形态属于(　　)。

A. 平行型　　B. 复杂型　　C. 单一型　　D. 交叉型

7. “未来职业练习”属于(　　)。

A. 畅想未来　　B. 回忆过去
C. 挖掘成长经验　　D. 反思过往

8. 苏格拉底常常告诉人们要“认识自己”，因为认识自己是人生的起点，因为(　　)。

A. “我”是他人的参照物　　B. 有了自我才有他我
C. “我”是一切的根源　　D. “我”是创造历史的动力

9. 情感智力程度的心理学术语是(　　)。

A. 智能　　B. 智商　　C. 情绪　　D. 情商

10. 成长楷模(　　)。

A. 都是来自平凡普通的劳动者
B. 都是对于社会精英的羡慕
C. 都是对于伟大人物的崇拜
D. 投射了我们自己希望成为的样子，反映了我们对自己生涯主题的看法

11. 多数人一生的闲暇时间超过了人生总长度的(　　)。

A. 三分之一　　B. 二分之一　　C. 四分之一　　D. 五分之一

12. 方法能力是指(　　)。

A. 逻辑思维能力和方法
B. 具备从事职业活动所需要的工作方法和学习方法
C. 批判性思维和能力
D. 以上选项都对

13. 以下属于改善通用能力的核心方法是(　　)。

A. 学习新信息　　B. 研究新动态

C. 直面新困境　　D. 尝试新环境

14. 美国学者拉舍（Rths，1966）等指出，“真实的价值”需要具备三个基本要素，即(　　)。

A. 选择、珍视、学习　　B. 珍视、行动、学习

C. 行动、选择、学习　　D. 选择、珍视、行动

15. 素质冰山模型把个体素质形象地描述为(　　)。

A. 漂浮在洋面上的冰山　　B. 沉没在海底的冰山

C. 漂浮在河面上的冰山　　D. 耸立在高原上的冰山

16. 生活体验好比肥沃的土壤，运用生涯技术挖掘其中核心的部分，才能生长出生涯主题的大树，大树的顶端就是(　　)。

A. 生涯漫游　　B. 职业发展目标

C. 具体职业　　D. 职业方向

17. 美国著名心理学家麦克利兰于 1973 年提出(　　)。

A. 管理者胜任特征模型　　B. 素质模型

C. 素质冰山模型　　D. 素质高原模型

18. 松弛练习法(　　)。

A. 是一种通过练习学会在心理和躯体上放松的方法

B. 常用的有肌肉松弛训练、意念放松训练等放松练习方法

C. 利用深呼吸、打哈欠、伸懒腰、听音乐、想好事、按摩、催眠或在大脑中浮现出一些美好景色，让自己体验轻松的感觉

D. 以上描述都正确

19. 素质模型的内涵是指(　　)。

A. 人们从事其职业的多种能力的综合

B. 职业能力和职业潜能

C. 个人为完成某项工作、达到某一绩效目标所应具备的不同素质要素的组合

D. 有针对性地提高自身的职业能力，调整规划自身的职业发展路径

20. 素质模型由(　　)等几个方面构成。

A. 方法、能力、兴趣、爱好
B. 方法、爱好、自我价值
C. 能力、兴趣、性格、气质
D. 内在动机、知识技能、自我形象与社会角色特征

21. 下列关于“意义事件”的表述错误的是(　　)。
A. 是指成长中社会和学校觉得特别有奖赏价值的事件
B. 意义事件是指那些让你感觉充实、满足、自我价值感高的事情
C. 那些让你觉得很有成就感的事件，都代表着你正在追随着你自己的意义
D. 帮助你感受你自己生命意义的浮现

22. 从生涯漫游图中找到生涯主题过程中最富创造力的举措是(　　)。
A. 分享你的生涯漫游图，挖掘这些事情背后的深层次联系
B. 认清你生涯中的主题和线索
C. 整理生涯主题表
D. 初步分类漫游图中相似的事情

23. 下列不属于大学生进行自我定位时社会分析方面的是(　　)。
A. 组织分析　　B. 家庭环境分析
C. 社会分析　　D. 人际关系分析

24. 下列不适合绘制生涯漫游图的环境是(　　)。
A. 嘈杂　　B. 安静　　C. 舒适　　D. 放松

25. 下列选项不属于“未来职业练习”操作步骤的是(　　)。
A. 准备一张没有任何条纹或横线、A4 大小的白纸，在纸的中心简单写下你目前的状态
B. 开始头脑风暴，畅想五年后、十年后甚至二十年后从事哪些职业
C. 简单分类写下可能的职业，寻找它们之间的联系
D. 分析未来职业的可行性

26. 下列有关畅想未来职业练习注意事项中错误的是(　　)。
A. 写下任何你想到的可能性，只要你内心期待有这样的可能性就行
B. 列出尽量多的想法，5 个是最少的，越多越好
C. 不要考虑你的专业或受教育限制
D. 写下比较现实的职业可能性

27. 下列有关自我探索对确立职业目标作用论述错误的是(　　)。

A. 了解自己需要什么、喜欢做什么类型的事情、喜欢以什么方式做事，才能在大量的职业信息中有所定位，明确自己的目标

B. 自我探索对确立职业目标起着决定性作用

C. 自我探索不清，就很容易在职业选择中陷入从众或迷茫状态，盲目追求外部因素或听从他人意见，进入职场后才发现自己不喜欢，然后又在新一轮职业选择中陷入迷茫

D. 了解自己才能更好地改变和塑造自己，让自己能力更强、兴趣更广泛、行为风格更平衡，具有更强的职场竞争力，扩大自己的选择面

28. 下列做职业测试的方式，错误的是(　　)。

A. 应该选择正确答案

B. 保持平静的心态、放松的心情作答

C. 以自己的第一感觉作答

D. 一次完成

29. 宿舍里四名同学约好下周末去外地旅游。一名同学突然有事无法前往，由于票已预订，其他三名同学让不去的同学把票让出来，找隔壁宿舍的同学一同前往。这名同学说，让我考虑考虑，结果考虑了近一周还没有决定，引起了其他三名同学的不满。根据所设情景，引起矛盾的原因是(　　)。

A. 社会建构　　B. 组织文化　　C. 社会情境　　D. 个人性格

30. 选定目标并具体落实目标从而实现目标的能力叫作(　　)。

A. 自信力　　B. 自制力　　C. 耐挫力　　D. 执行力

31. 在能力分解的知识（K）、技能（S）、素养（T）中，(　　)是最重要的。

A. 知识（K）　　B. 组合起来才能发挥价值

C. 技能（S）　　D. 素养（T）

32. 以下关于职业价值观的说法不正确的是(　　)。

A. 职业价值观支配着人的职业行为、职业态度、职业理解等

B. 职业价值观稳定不变

C. 职业价值观是价值观在所从事的职业上的体现

D. 职业价值观因人而异，具有多种类型

33. 以下说法中不正确的是(　　)。

A. 性格可以改变　　B. 价值观可以修缮
C. 兴趣可以培养　　D. 能力一成不变

34. 在对自己进行职业生涯规划时，先要确立一个支点，这个支点就是(　　)。

A. 我为什么工作　　B. 我为谁工作
C. 我何时工作　　D. 我如何工作

35. 在生涯心理学中，我们把符合生命意义的这些关键内容称为(　　)。

A. 意义事件　　B. 生涯主题
C. 职业目标　　D. 职业兴趣

36. 在素质冰山模型理论中，“冰山水面以上部分”是指(　　)。

A. 基准性素质　　B. 鉴别性素质
C. 职业素质　　D. 社交素质

37. 在素质冰山模型理论中，“冰山水面以下部分”是指(　　)。

A. 基准性素质　　B. 鉴别性素质
C. 职业素质　　D. 社交素质

38. 在职业目标产生的过程中，生涯主题发挥着(　　)。

A. 漏斗作用　　B. 核心作用　　C. 边缘作用　　D. 交叉作用

39. 在制作意义事件卡片纸测验中，为什么要求事件的数量是“7～10”，因为(　　)。

A. 要符合人类的记忆规律
B. 要符合人们生活实践
C. 要节省测验时间
D. 如果事件太少，我们很难从中看到反复出现的共性，也很难分出不同的类别；事件太多也会浪费时间，7～10件是比较合适的数量

40. 下列有关生涯平衡的描述，正确的是(　　)。

A. 多种角色平均发展
B. 不荒废任何一个角色
C. 特定时间专注特定角色发展
D. 要突出核心角色

41. 性格腼腆、当众说话就脸红的男生小王因为幼时受恩于老师，立志当

中学教师，但因表达能力差一直没能面试成功。他的核心困扰是(　　)。

A. 探索不清自己的职业价值观

B. 探索不清自己的核心能力

C. 职业价值追求与职业能力不匹配

D. 不知道自己喜欢什么

42. 以下哪个问题反映的不是职业价值观？(　　)

A. 你觉得什么样的职业是有意义的

B. 你最希望职业能给你什么回报

C. 你希望通过职业实现什么目标

D. 你觉得什么职业最能发挥你的潜能

43. 从生涯发展的角度来说，职业生涯选择中我们最看重的应当是(　　)。

A. 内心的职业价值观与所选职业是否一致

B. 我的专业与所选职业是否匹配

C. 父母是否同意我的选择

D. 职业的经济收入是否可观

44. 一个自我管理能力差的从业者更不适合从事的工作性质是(　　)。

A. 独立性　　B. 休闲性　　C. 领导性　　D. 多样性

45. 舒伯将个人的职业价值观分为(　　)。

A. 13 种　　B. 14 种　　C. 15 种　　D. 16 种

46. 选择可以自由决策而无须在他人的监督或指导下工作，这属于(　　)职业价值观。

A. 多样性　　B. 独立性　　C. 社会声望　　D. 领导

47. 无须担心失业以及收入，不会轻易被解雇，就业率没有季节性的高低起伏，收入总体来说稳定可预知，不会因技术革命而淘汰。这是哪一种职业价值观？(　　)

A. 领导　　B. 稳定性　　C. 休闲　　D. 高收入

48. 崇尚自由自在、富有创意、创新自主、自由多样价值观的人，更适合从事的职业是(　　)。

A. 计算机操作类　　B. 工程类

C. 财务会计类　　　　D. 艺术创造类

49. 保守谨慎、按部就班、注意细节、有责任感、工作仔细、有效率、尽职尽责、值得信赖的人，相对更适合(　　)职业。

A. 销售类　　B. 文秘类　　C. 建筑类　　D. 艺术创造类

50. 属于“多样性”职业价值观的好处是(　　)。

A. 自主性高　　　　B. 工作挑战比较大

C. 需要不断学习，压力大　　　　D. 可能不稳定

51. 生涯规划与发展分三步走：第一是(　　)；第二是确定当前状态/状况；第三是磨炼自己的能力。

A. 定位方向　　　　B. 去发现新的机会

C. 反思当前规划　　　　D. 寻找发挥的空间

52. 能力是指(　　)。

A. 能够知道事情怎么运作，并有效使其运作

B. 由遗传决定的完成事情的特征

C. 那些稳定的、独立于环境与当前条件的行为系统

D. 顺利完成任务以达到预期目标的行为

53. 下列对于价值观的理解错误的是(　　)。

A. 人与人的区别就在于这些价值判断的内在准则

B. 相同的客观环境，每个人的价值判断都不同

C. 价值判断准则不同，人理解世界的结论就迥异

D. 价值观经常会随环境发生改变

54. 我们即使知道有些事情的客观事实，但往往也会因为自己的价值观状态，感受到不同的结果，犹如“大善不憎恶人”。基于此，以下描述错误的是(　　)。

A. 需要通过培养来提升自己的价值观

B. 听别人表达观点时，应该关注其价值观

C. 分析人的价值观特征是理解人重要的角度

D. 价值观许多时候都是虚伪的

55. 价值观具有较强的稳定性，因为(　　)。

A. 价值观是个人基因中自带的

B. 价值观具有遗传性，所以非常稳定

C. 价值观是深藏潜意识的，很坚固

D. 价值观让人选择与之吻合的人事物，再反过来强化价值观

56. 价值观的形成受许多因素影响，以下对价值观影响不大的因素是(　　)。

A. 生活中的小事　　B. 成长的环境

C. 重要的人的说服　　D. 重大事件的冲击

57. 判断价值观好坏的依据是(　　)。

A. 有没有吻合社会规范　　B. 具有的社会性

C. 对别人有没有好处　　D. 对自己有没有好处

58. 很少有工作能完全满足人所有的重要价值观，因此我们总是要不断地做出(　　)。

A. 协商和探讨　　B. 妥协和放弃

C. 考虑和安排　　D. 排序和改变

59. 价值观是一种独特的看待世界的规则体系，以下描述错误的是(　　)。

A. 价值观的形成很受生理状态影响

B. 可以用价值观来定义一个人的典型特征

C. 极端状态的价值观可能会有病态倾向

D. 价值观完全是由生理决策的

60. 环境改变往往对价值观的影响不大，因为(　　)。

A. 环境对价值观的影响不大

B. 环境里往往有多种选择

C. 人会自动选择与价值观吻合的微环境

D. 研究发现价值观具有很强的稳定性

61. 以下关于价值观的影响，错误的是(　　)。

A. 价值观是个结果而不是原因

B. 价值观是个原因而不是结果

C. 价值观影响我们对事物的意义判断

D. 价值观影响我们看待事物的方式

62. 价值观对性格的影响表现在(　　)。

A. 性格决定价值观

B. 总选择“对的”（价值观吻合）的事情会塑造人的性格特征

C. 价值观是性格的基础

D. 两者相互独立，没有关系

63. 连续发问“为什么”可以挖掘人不同层次的价值观，说明(　　)。

A. 价值观是一个有层次的体系

B. 最深层的价值观才是真价值观

C. 价值观是一种社会意识

D. 价值观是社会存在的反映

64. 价值观具有“屏蔽”作用，原因是(　　)。

A. 价值观会吸引我们做好事

B. 价值观受环境影响

C. 与价值观不吻合的事往往不在我们的生活里出现

D. 我们会自动排斥不吻合价值观的事

65. 以下属于价值观特征的是(　　)。

A. 稳定性和持久性　　B. 历史性和选择性

C. 主观性和意识性　　D. 以上都对

66. 作为生涯探索阶段的大学期间，我们需要主动参与到更多的场景中去，从而探索自己的价值观特征，因为(　　)。

A. 这样才能体会到世界的丰富多彩

B. 这样才可以让自我更加完善

C. 通过多种场景的体验、反思，才能更深切了解自己的价值观特征

D. 通过接触不同的人与事才能实现自我成长

67. S 类型的人与他人打交道时，更会关注(　　)。

A. 他人的有趣性　　B. 他人可利用的特点

C. 他人的细节信息　　D. 他人的需要

68. 价值观往往以一种背景色呈现，会让我们做的事情有某种风格，所以(　　)。

A. 价值观往往是难以捉摸的

B. 价值观可以通过反思一个人的做事方式来探索

C. 价值观有道德意味

D. 价值观无法独立分析

69. 如果一个人说他有无限财富，死后都会捐出去，那么(　　)。

A. 这肯定是利他的价值观倾向

B. 就可以明确定位他的价值观

C. 说明他的价值观是不在乎钱的

D. 要进一步根据他捐钱的理由来分析其价值观特征

70. 价值观改变的本质是(　　)。

A. 提升自我的包容性　　B. 变成领袖型人物

C. 提升在竞争中的能力　　D. 提升个人的信心水平

71. 以下属于典型投射效应的是(　　)。

A. 东施效颦　　B. 五十步笑百步

C. 以小人之心度君子之腹　　D. 刻舟求剑

72. 在极端（临界）状态，价值观往往才会突显出来，因为(　　)。

A. 平时我们呈现出来的都不是真实状态

B. 平时我们往往会根据环境要求来“表演”

C. 在极端情境里价值观才起作用

D. 特定情境才会激活价值观

73. 根据个体精力支配指向方式，可将人的职业性格分为(　　)。

A. 感觉–直觉　　B. 内向–外向

C. 判断–知觉　　D. 思考–情感

74. 根据获取信息认识世界的方式，可将人的职业性格分为(　　)。

A. 感觉–直觉　　B. 内向–外向

C. 判断–知觉　　D. 思考–情感

75. 根据判断事物做决策的方式，可将人的职业性格分为(　　)。

A. 感觉–直觉　　B. 内向–外向

C. 判断–知觉　　D. 思考–情感

76. 根据生活态度日常生活方式，可将人的职业性格分为(　　)。

A. 感觉–直觉　　B. 内向–外向

C. 判断–知觉　　D. 思考–情感

77. 价值观的内在准则，其实描述的是一个人的自我，因此价值观提升的过程就是自我完善的过程，那么(　　)。

A. 所谓自我完善，就是让自己的价值观更少一些狭隘与局限

B. 自我只能探索与定位，而无法改变

C. 生涯规划就是通过简单定位价值观来匹配职业

D. 价值观改变太难，所以往往以探索为主

78. 职业价值观是(　　)。

A. 价值观在职业选择与匹配时的表现

B. 一成不变的，每个人的都一样

C. 人生价值观

D. 一个职业是否有价值的判断

79. 作为一个程序员，可以获得的职业价值观满足(　　)。

A. 独立性　　B. 稳定性　　C. 专业性　　D. 助人性

80. 以下说法中不正确的是(　　)。

A. 兴趣可以培养　　B. 性格可以改变

C. 价值观可以提升　　D. 能力一成不变

81. CASVE 循环模式由美国心理学家盖瑞·彼得森（Gary Peterson）、罗伯特·里尔登（James Sampson）等人提出，它不包括(　　)。

A. 探索　　B. 沟通　　C. 综合　　D. 执行

82. 追求“多样性”价值观的人是一种(　　)。

A. 追求自我价值观的人

B. 期望有创意呈现的人

C. 期望能够做有标准的事的人

D. 缺乏恒心的人

83. 对一个人职业目标和择业动机起着决定性作用的是(　　)。

A. 职业意向　　B. 职业伦理　　C. 职业道德　　D. 职业价值观

84. 高收入、社会声望、独立性、帮助他人、稳定性、多样性、领导、休闲等八种职业价值观，哪种最好？(　　)

A. 稳定性最好　　B. 没有好坏之分

C. 越是利他就越好　　D. 高收入最好

85. 以下最影响一个人工作稳定性的因素是(　　)。

A. 职业价值观　　B. 性格

C. 兴趣　　D. 家庭要求

86. 价值观与个人需要相互关联，表现为(　　)。

A. 价值观是需要的外在表现

B. 需要满足了，价值观也就满足了

C. 价值观是需要的基础

D. 价值观是内在的，需要是因缺乏而产生的，是外显的

87. 以下职业中能满足人“独立性”的职业是(　　)。

A. 公务员　　B. 外卖员　　C. 作家　　D. 医生

88. 我们总以为“钱多、事少、离家近”就是最好的职业目标状态，其实(　　)。

A. 这种价值观是比较消极的

B. 这只呈现了一种价值观

C. 这种职业目标是错误的

D. 我们可能追求的是这种自由背后的东西

89. 喜欢的工作具备艺术修养、创造力、表达能力和直觉的典型职业兴趣类型是(　　)。

A. 现实型　　B. 研究型　　C. 艺术型　　D. 管理型

90. 喜欢与数据打交道的典型职业兴趣类型是(　　)。

A. 常规型　　B. 现实型　　C. 艺术型　　D. 管理型

91. 职业价值观没有好坏之分，关键是要做好职业选择与匹配。以下表述错误的是(　　)。

A. 可以多尝试一些职业找到最佳的选择

B. 要仔细分析自己职业价值观特征，为职业选择打下基础

C. 在工作实践中来充实、丰富价值观的内涵

D. 如果找不到价值观吻合的职业，就必须坚持寻找

92. 一位著名企业家说过，一辈子假积极，就是真积极。这种认同的持续行为就是价值观重塑的关键所在。因此通过持续的行为养成，可以(　　)。

A. 不理会价值观的改变

B. 直接改变人的价值观
C. 有效影响个人价值观的完善
D. 引起人的逆反

93. 职业生涯规划中的“兴趣”与日常理解的“兴趣”的区别是(　　)。
A. 职业兴趣专门指向专业
B. 日常理解的兴趣更灵活
C. 前者指内在稳定倾向，后者则更强调具体的事
D. 没有本质区别

94. Holland 理论与 PTID 理论关于兴趣的最大差异是(　　)。
A. 具有相交关系
B. 可以相互替换使用
C. 没有区别
D. 区分出的兴趣类别数量不同

95. 兴趣与能力的关联性是(　　)。
A. 因为有能力所以才有兴趣
B. 在兴趣的方向上，容易培养出能力
C. 兴趣越强，能力自然就越高
D. 兴趣与能力是无关的两回事

96. 关于 Holland 兴趣常规型，以下描述不对的是(　　)。
A. 喜欢要求注意细节、精确度，有系统、有条理
B. 更追求事情的多样性
C. 对于严谨的事情有热情
D. 偏好对数字、资料等进行明确、有序和系统化的整理工作

97. “人以类聚，物以群分”在职业兴趣上的理解是(　　)。
A. 人是会被社会地位自动分类的
B. 人是社会性动物，会自然聚集
C. 家庭背景相同的人会自动吸引到一起
D. 相似兴趣的人会被相似的职业吸引

98. Holland 认为，就职业选择而言，(　　)是个体和职业匹配的过程中最重要的因素。

A. 性格　　B. 环境　　C. 能力　　D. 兴趣

99. 之所以可以通过兴趣定位人的未来职业领域，是因为(　　)。

A. 兴趣具有跨越时空的稳定性

B. 吻合兴趣的职业才能让人快乐

C. 兴趣是一个可以清楚分类的指标

D. 兴趣是最好的老师

100. 根据 Holland 理论，兴趣的匹配是从最匹配到不匹配的连续体，因此(　　)。

A. R 与 S 属于不匹配　　B. A 与 C 属于不匹配

C. R 与 I 属于不匹配　　D. I 与 E 属于不匹配

101. Holland 认为，调研型（I）又被称为(　　)。

A. 现实型　　B. 探索型　　C. 实际型　　D. 常规型

102. 《论语》中说“君子上达，小人下达”，这是对人物(　　)的描述。

A. 性格　　B. 气质　　C. 能力　　D. 情感

103. 美国学者拉舍（Raths）等指出，真实的“价值”需要具备三个基本要素，以下不属于的是(　　)。

A. 选择　　B. 珍视　　C. 行动　　D. 规划

104. 如果两个人的 Holland 兴趣代码相同，说明(　　)。

A. 测评工具区分度低

B. 要根据其他因素再做分析

C. 这两个人有相似的行为倾向

D. 无法参考 Holland 代码了

105. 大量研究表明，与工作满意度、职业稳定性、职业成就感之间存在着明显关联的是(　　)。

A. 兴趣　　B. 气质　　C. 性格　　D. 情感

106. 以下关于兴趣测评的描述，错误的是(　　)。

A. 测评是一种概率性的定位

B. 测评是一种很好的定位参考

C. 需要使用科学的测评来定位

D. 测评无法定位出人的兴趣类型

107. 以下关于“兴趣培养”的描述错误的是(　　)。

A. 当我们习惯性地用心去体会很多事物时，兴趣不仅是被发现了，更是被发展了

B. 兴趣是可以培养的

C. 兴趣是从我们的实践体验中来的，随着对事物的认识而不断明确、深化

D. 兴趣是无法培养的

108. “性格决定命运”的机制是(　　)。

A. 人的习惯化行为决定了事情的成败

B. 性格有好坏之分，所以可以决策

C. 好的性格会吸引好人

D. 好的性格做事情会更高效

109. 以下属于外倾型的人喜欢问自己的问题是(　　)。

A. 我是怎样和万事万物联系的？

B. 万事万物是怎样和我相连的？

C. 上主席台发言大家会怎样看我？

D. 今天换了发型别人会说我什么？

110. MBTI 的理论基础是性格类型论，是由(　　)提出的。

A. 荣格　　B. 布里格斯　　C. 迈尔斯　　D. 弗洛伊德

111. 外出旅行，游山玩水，从地质学的角度去分析所见到的山峰，属于(　　)的人。

A. 思考型　　B. 感情型　　C. 感觉型　　D. 直觉型

112. 外出旅行，游山玩水，为山峰的美丽而感动、赞叹的人，属于(　　)的人。

A. 思考型　　B. 感情型　　C. 感觉型　　D. 直觉型

113. MBTI 理论认为：人格存在着偏好（preference)，体现在四个维度，其中，获取信息的方式是(　　)。

A. 外倾与内倾　　B. 感觉与直觉

C. 思维与情感　　D. 判断与知觉

114. 依据 MBTI 理论，就考试而言，S 型更有优势，是因为 S 型的人(　　)。

A. 学习认真所以记得牢

B. 更关注细节，所以记得准

C. 更擅长分析考题意图

D. 考试的时候更冷静

115. 如一个人的人格类型是ENFP，那就说明他是(　　)型。

A. 直觉、情感、判断、外倾

B. 情感、判断、外倾、直觉

C. 判断、外倾、直觉、情感

D. 外倾、直觉、情感、知觉

116. MBTI理论的提出者卡尔·荣格是名理想主义者，拥有INFP的人格特质；荣获两届奥斯卡影帝并获得终身成就奖的好莱坞著名影星汤姆·汉克斯则是ESFP的人格类型；而深刻地改变了人类现代通信、娱乐与生活方式的已故苹果公司创始人史蒂夫·乔布斯则是典型的NT人格类型。这些人的成功说明(　　)。

A. 有十六种MBTI人格类型

B. 每种类型都拥有事业成功的机会

C. 成功需要好的人格类型

D. 人格类型有好坏优劣之分

117. 思维方式上，属于跳跃式的一般是(　　)。

A. 感觉型的人　　B. 直觉型的人

C. 外向型的人　　D. 内向型的人

118. 以下关于MBTI测试表述错误的是(　　)。

A. MBTI测试是当今世界上应用最广泛的性格测试工具和人才甄别工具之一

B. 十六种MBTI人格类型，分别注明了每种类型的职业倾向

C. 职业与MBTI类型之间存在着严格的一一对应关系

D. 职业与MBTI类型之间并不存在严格的一一对应关系

119. (　　)在当前个体心理测评、职业能力测评等方面都有着广泛的运用，其社会价值已经得到广泛认可。

A. 心理测量　　B. 心理咨询　　C. 心理定位　　D. 心理分析

120. 喜欢和事物打交道、喜欢用手或工具制造或修理东西的人，属于Holland六种类型中的(　　)。

A. 艺术型（A 型） B. 实际型（R 型）
C. 传统型（C 型） D. 研究型（I 型）

121. 许多人格类型的研究专家都认为，在 MBTI 理论的四个层面中，造成人与人之间巨大人格差异的分水岭是(　　)。

A. 外倾和内倾 B. 感觉和直觉
C. 思考和情感 D. 判断和知觉

二、多项选择题

1. 实施“生涯漫游”练习的主要步骤包括(　　)。

A. 准备一张 A3 大小的复印纸或海报纸，几支彩笔
B. 开始回想你所经历的所有有成就感和有意义的事
C. 用一些简单的关键词来表示每件事
D. 善于利用提示，可以更加快速地想起更多的关键词

2. “生涯漫游”练习中利用头脑风暴的方式画出生涯漫游图，需要抛弃哪些念头的束缚？(　　)

A. 我得找出显示我成就和优秀的事件
B. 我得按照重要性排序
C. 我得按照年龄来思考
D. 我不能遗漏任何事情，我需要面面俱到

3. MBTI 全称为“迈尔斯-布里格斯个性分析指标”。MBTI 理论认为：人格存在着偏好（preference），体现在四个维度，包括(　　)。

A. 描述个体生活方式：判断（Judging，简称 J）与知觉（Perception，简称 P）

B. 人与世界相互作用的方式：外倾（Extraversion，简称 E）与内倾（Introversion，简称 I）

C. 获取信息的方式：感觉（Sensing，简称 S）与直觉（Intuition，简称 N）
D. 决策的方式：思考（Thinking，简称 T）与情感（Feeling，简称 F）

4. 成长楷模的来源非常广泛，包括(　　)。

A. 社会名流 B. 行业精英
C. 虚构的人物 D. 你身边的亲人朋友

5. 实施成长楷模的练习步骤包括(　　)。

A. 准备 3 ~5 张卡片，在每张卡片上写下一个你崇拜的榜样

B. 用几个关键词或几句话描述你欣赏或崇拜人的 3 ~5 个特点

C. 仔细思考欣赏者或崇拜者的特点

D. 这些点投射了我们期待自己能拥有的人生态度或智慧，即反映了我们的“生涯主题”

6. 成长楷模练习的意义在于促使你思考以下问题(　　)。

A. 你究竟欣赏或崇拜他/她的什么特点，你欣赏的多个楷模之间有什么反复出现的特点

B. 这些特点反映了你对自己生涯之路的何种看法或内心需要

C. 这种内心需要的澄清让你怎么看待眼前面临的生涯困扰

D. 我是否可以从中获得成长激励

7. 从生涯漫游图中找到生涯主题时，需要注意(　　)。

A. 不要对你的生涯主题做评判，我们只是在收集信息

B. 不要强迫自己马上就根据生涯主题去做出职业决定，也不用担心有些主题看起来好像与职业生涯无关

C. 你可能甚至发现有的主题开始看起来是消极的，然而实际上因为你克服了它而成为积极的主题

D. 生涯主题的寻找是一个静态的过程

8. 关于能力与知识、技能之间的关系，以下说法错误的是(　　)。

A. 三者既有区别，也有联系

B. 能力可以在较短的时间内提高，知识和技能需要长时间的锻炼

C. 能力是外显的，知识和技能是内隐的

D. 能力等同于知识和技能

9. 下列有关性格与职业联系的描述，正确的是(　　)。

A. 有利于找到适合的职业

B. 有利于完善自己的性格

C. 有利于发展特定的职业性格

D. 有助于工作中的人际沟通

10. 如果我们的具体生活实践偏离了你认同的生命意义，你会感觉(　　)。

A. 空虚　　B. 自信　　C. 自卑　　D. 缺乏希望

11. 生涯目标的来源包括(　　)。

A. 内心的期望　　B. 环境的要求

C. 重要的人的期望　　D. 机会

12. 以下属于探索兴趣的方法是(　　)。

A. 心理测评　　B. 游戏活动　　C. 自我省思　　D. 实践体悟

13. 以下关于兴趣的描述正确的是(　　)。

A. 表层的兴趣源于偏好

B. 表层的兴趣源于性格

C. 深层的兴趣源于世界观、人生观、价值观

D. 深层的兴趣源于宗教信仰

14. 下列哪些步骤是从生涯漫游图中找到生涯主题必不可少的？(　　)

A. 初步分类漫游图中相似的事情　　B. 认清你生涯中的主题和线索

C. 分享你的生涯漫游图　　D. 整理生涯主题表

15. 下列哪些选项属于职业兴趣的特征？(　　)

A. 能够使人不自觉地完全投入某种事物或某项活动中，而不靠主观意志努力

B. 兴趣是基于对事物或活动的认知或体验，而不是出自凭空的想象

C. 兴趣活动从事完毕后能量是向上的，而没有消极、负面的感受

D. 能够产生极大的愉悦感和满足感，是因为该项工作或活动能带来足够的回报

16. 下列有关职业测评与生涯主题的关系的论述正确的是(　　)。

A. 两者通过挖掘生活体验、寻找生涯主题来发现职业目标

B. 生涯主题挖掘是比职业测评更为具体、更多层次、更深入、更个性化的生活体验挖掘

C. 职业测评提供了大致的职业发展方向，而生涯主题挖掘提供更多具体的职业发展方向建议参考

D. 两者的最终目标是一致的

17. 学习“生涯漫游”的价值在于(　　)。

A. 发现你生涯早期自身隐藏主旨和线索

B. 对你的未来做出更有利的规划

C. 脱离线性思维，走向创造性联结思维

D. 用头脑风暴的新方法来加深对你过去的理解

18. 意义事件卡片纸测验的实施步骤包括(　　)。

A. 回忆最有成就感的事件

B. 仔细梳理记述意义事件的关键细节

C. 给每一个意义事件一个题目，并提炼出事件关键词

D. 总结抽象意义事件背后的“生涯主题”和职业元素

19. 与生涯主题密切相关的成长经历主要包括(　　)。

A. 意义事件　　B. 成长楷模　　C. 学习经历　　D. 家庭环境

20. 在冰山素质模型理论中，人的素质包括如下层面：(　　)。

A. 知识与技能　　B. 社会角色与自我概念

C. 性格特质　　D. 动机

21. 在职业目标产生的过程中，生涯主题发挥着(　　)。

A. 漏斗作用　　B. 整合作用　　C. 核心作用　　D. 边缘作用

22. 自我探索的三个重要意义是：(　　)。

A. 帮助了解某种职业的能力要求

B. 帮助权衡不同职业选择的利弊

C. 帮助制订适合自己的行动计划

D. 帮助树立内心认同的生涯目标

23. 八种职业价值观分别是：独立性、帮助他人、领导性、(　　)、多样性、(　　)、稳定性和高收入。

A. 安逸性　　B. 休闲性　　C. 规律性　　D. 社会声望

24. 以下属于“多样性”职业价值观弊端的是(　　)。

A. 可能不稳定　　B. 工作挑战比较大

C. 需要不断学习，压力大　　D. 自主性不高

25. 职业价值观的分析可以从(　　)展开。

A. 发展因素　　B. 保健因素　　C. 声望因素　　D. 名利因素

26. 价值观和职业之间的关系表现在(　　)。

A. 价值观和职业有一定的匹配性

B. 价值观和组织文化有一定的匹配性

C. 你的职业经历有可能塑造你的价值观
D. 你的价值观有可能给你的工作赋予个人特色

27. 职业定位最好与兴趣关联起来。以下关于兴趣描述正确的是(　　)。
A. 区分为倾向于“喜欢与人互动”与“喜欢与物互动”
B. 兴趣是最好的老师，所以工作选择一定要与兴趣结合
C. 兴趣是可以持续改变的，所以更应该从发展与改变的角度看兴趣
D. 区分为倾向于“喜欢关注观念”与“喜欢关注数据”

28. 哲学家罗素认为，有两大因素使工作变得有趣，它们是(　　)。
A. 技能的运用　　B. 建设性
C. 兴趣爱好　　D. 理想

29. 如果工作可以提供个人认同的价值满足，那么(　　)。
A. 人会有更高的工作满意度　　B. 人会更愿意主动投入当前工作
C. 人就会成为工作的附庸　　D. 更容易挖掘出人的工作潜能

30. 信心会影响人在做事情时(　　)。
A. 恰当目标的选择　　B. 付出努力的程度
C. 受挫之后的坚韧性　　D. 行动过程中的体验

31. 智力与能力的关系表现在(　　)。
A. 高智商者必定能力强　　B. 职业能力强的人必定高智商
C. 智力是能力的基础　　D. 能力是智力的表现形式

32. 如果人的兴趣与职业不吻合，会(　　)。
A. 疏忽工作中的细节　　B. 工作的效率会受到影响
C. 工作中比较难获得认同感　　D. 影响工作的收入

33. 对一件事缺乏兴趣的表现是(　　)。
A. 认为这件事给自己带来的收益不高
B. 不愿意投入更多的心力
C. 缺乏参与这件事的主动性
D. 需要通过培养才能产生兴趣

34. 以下关于职业价值观描述正确的是(　　)。
A. 职业价值观能提供贯穿职业发展始终的动力
B. 职业价值观将我们的职业推动至事业，甚至使命感的高度

C. 职业价值观能帮我们找到好工作

D. 职业价值观可以给我们带来高收入

35. 在 MBTI 理论中以下哪一种呈现出来的是内向（Introversion）型倾向？(　　)

A. 听的比说的多　　B. 喜欢与朋友聊天

C. 避免成为注意的焦点　　D. 兴趣专注

36. 探索自我的主要方法有(　　)。

A. 实践活动　　B. 自我反省　　C. 职业测评　　D. 他人评价

37. 在 MBTI 理论中，以下属于直觉（Intuition）型典型特征的是(　　)。

A. 思维比较跳跃　　B. 特别具有时间观念

C. 特别关注完成期限　　D. 喜欢问一件事的意义

38. 在 MBTI 理论中，判断（Juding）型的人做事情时更关注的是(　　)。

A. 事情的价值性　　B. 事情的由来及回报

C. 完成的时间期限　　D. 制度、规则与组织层级

39. 喜欢与人打交道的典型职业兴趣类型是(　　)。

A. 现实型　　B. 管理型　　C. 艺术型　　D. 社会型

40. 喜欢与事物打交道的典型职业兴趣类型是(　　)。

A. 现实型　　B. 管理型　　C. 艺术型　　D. 研究型

41. 兴趣评估可以使用的方法有(　　)。

A. 兴趣分类卡　　B. 喜欢的职业归纳

C. 标准化的兴趣测评　　D. 多种情境下喜欢的事情总结

42. 探索行为风格的方法有很多，包括(　　)。

A. 心理测评　　B. 自我省思　　C. 实践体悟　　D. 他人评价

43. 做自己感兴趣的事会(　　)。

A. 让人充满投入性与能量感　　B. 能够缓解人的压力

C. 获得更高的回报　　D. 会窄化人的视野

44. 如果一个人做的工作与其兴趣完全不匹配，怎么办？(　　)

A. 天道酬勤　　B. 如果可能就换工作

C. 与人协作，各取所长　　D. 通过主动做感兴趣的事来平衡

45. 清晰定位自己兴趣的方式是(　　)。

A. 通过多种情境来反思　　B. 用科学测评一次性明确

C. 认同是兴趣定位的关键　　D. 在做事情过程中体验、反思

46. 能力培养与兴趣有什么样的联系？(　　)

A. 有了兴趣才可能有能力　　B. 能力强的话兴趣也高

C. 兴趣吸引人并实践出相关能力　　D. 兴趣方向上容易培养能力

47. 性格是习惯化的行为倾向性，因此性格是(　　)。

A. 一种可塑的行为而已　　B. 有很强的自动化属性

C. 没有好坏之分的　　D. 较难以改变的

48. 性格的 MBTI 工具是(　　)设计出来的。

A. 荣格　　B. 迈尔斯　　C. 弗洛伊德　　D. 布里格斯

49. 在 MBTI 十六种人格类型中，属于 ENFJ 类型描述的是(　　)。

A. 友好热诚，谈吐亲切，圆滑得体

B. 感情投入，易受伤，富有创造力

C. 做事果断，甚至武断

D. 能力强，责任心重，做事有计划

50. 以下描述属于内向型特征的是(　　)。

A. 排队时自己玩手机　　B. 倾向于与熟悉的人交往

C. 更多地听而不是说　　D. 一有想法就说出来

51. 以下描述属于外向型特征的是(　　)。

A. 特别喜欢写日记　　B. 更喜欢用表达的方式来思考

C. 对新奇的事情特别敏感　　D. 无法容忍长时间独处

52. MBTI 几个维度的类型区分是(　　)。

A. E-I　　B. S-N　　C. T-F　　D. J-P

53. 内向性格的人经常是(　　)。

A. 先听再想后说　　B. 喜欢与人打交道

C. 想问题比较深入　　D. 朋友圈比较窄

54. 与工作关联，内向性格的人更适合做的工作有(　　)。

A. 会计　　B. 销售　　C. 记者　　D. 编辑

55. 在理解 MBTI 人格理论时，以下观点正确的是(　　)。

A. 外倾不是“爱说话”　　B. 内倾不是“害羞”或“抑制”

C. 情感不是“情绪的”　　D. 判断不是“爱下结论”

56. 求职者在求职过程中因为顾此失彼、犹豫不决而导致择业失败的现象，统称为求职过程中的“艾尔维斯”干扰。一般表现为以下哪种情况？(　　)

A. 一步到位与循序渐进的矛盾

B. 理想职业与现实需求的矛盾

C. 职位与个人成长之间的矛盾

D. 求稳心态与职业风险的矛盾

57. MBTI 理论认为具备 N 型特征的人(　　)。

A. 经常会忽略细节　　B. 对于细微处把握到位

C. 有比较强的洞察力　　D. 关注宏观结构、体系

58. 在 MBTI 理论中，T 倾向的人经常批评 F 倾向的人(　　)。

A. 过于冷酷　　B. 缺乏同情心

C. 做事婆婆妈妈　　D. 过于感情用事

59. 人的性格特征包括(　　)。

A. 态度特征　　B. 意志特征　　C. 情绪特征　　D. 理智特征

60. 如果一个职业，其工作内容非常明确可控，P 型的人会有什么感觉？(　　)

A. 感觉很合己意　　B. 感觉不到新意而缺乏动力

C. 会主动制造出点意外来　　D. 会做出清晰的计划与行动

61. 喜欢“阅读”“写作”“跑步”这个爱好，从性格特征分析说明什么？(　　)

A. 喜欢独立工作　　B. 喜欢边界清晰的目标

C. 做事情有韧性　　D. 是个爱学习的人

62. 对于通过头脑风暴拓展出来的职业，可以通过价值观进行锁定(　　)。

A. 与价值观吻合的工作让人有更强的意义感

B. 通过价值观删除一些目标选项
C. 这个聚焦的过程就是决策过程
D. 这个过程就是压缩选项的过程

63. 用兴趣进行职业目标的锁定，就是(　　)。
A. 明确各种职业选项的 Holland 类型
B. 只能选择与兴趣完全吻合的职业
C. 明确自己的兴趣类型
D. 进行匹配度从高到低的取舍

64. 职业生涯规划中，能力可以分解为(　　)。
A. 素养　　B. 知识　　C. 技能　　D. 阅历

65. 能力与知识、技能的关系表现在(　　)。
A. 三者发展不同步
B. 知识、技能在一生中通过积累而增多，而能力发展有一定的限度
C. 能力在一生中通过积累而增多，而知识、技能发展有一定的限度
D. 知识和技能是能力的基础

66. 能力素质模型通常包括三类能力，即(　　)。
A. 沟通能力　　B. 通用能力
C. 可转移的能力　　D. 独特的能力

67. 在能力素质模型中，知识（Knowledge）的特征是(　　)。
A. 非常重要的　　B. 用名词描述
C. 难以迁移　　D. 与专业密切相关

68. 在能力素质模型中，技能（Skill）的特征是什么?(　　)
A. 直接产生业绩成果　　B. 用动词描述的
C. 能够迁移的　　D. 对求职就业有帮助

69. 在能力素质模型中，素养（Trait）的特征是什么?(　　)
A. 用副词描述　　B. 用形容词描述
C. 能够迁移　　D. 最重要的

70. 为什么许多时候我们给自己定的目标无法完成?(　　)
A. 计划永远赶不上变化
B. 定了目标之后环境条件改变了

C. 目标没有清晰衡量方法

D. 目标不具体，没有分析为可执行的任务

71. SMART 目标制定中，有哪些要素最重要？( )

A. 目标未完成的损失　　B. 清晰的目标描述

C. 明确的完成边界　　D. 目标完成的价值

72. “常立志者无志”，说明的是( )。

A. 总改目标是不妥的　　B. 目标清晰之后就要立志完成

C. “常立志”往往是目标侵蚀　　D. 有清晰目标的人总在修正目标

73. SWOT 策略里的 T、W 战略指的是什么？( )

A. 需要着力提升的　　B. 威胁与劣势并存

C. 更倾向于选择放弃　　D. 是行动的重点

74. 基于个人生涯目标进行 SWOT 分析时，S 包括如下因素( )。

A. 自己最擅长的　　B. 自己价值观吻合的

C. 自己优于别人的能力　　D. 自己的特点是什么

75. 通过对问题的 SWOT 分析之后，对于 W 型的特征，最好的做法是( )。

A. 自己努力提升　　B. 直接放弃这个领域

C. 寻求团队支持　　D. 借力使力

76. 美国心理学家约翰·霍兰德（John · Holland）提出了兴趣类型理论，大多数人可以被归纳为六种类型，具体为( )。

A. 现实型、研究型　　B. 艺术型、社会型

C. 经营型、事务型　　D. 创业型、想象型

三、判断题

1. 对于意义事件的分类不能出现重复和交叉。 ( )

2. 意义事件的分析和分类最好是体现内心的不同追求，而不是仅限于事件表现的意思。 ( )

3. 价值观是有好坏之分的。 ( )

4. 价值观在所从事职业上的体现就是职业价值观。 ( )

5. 素质冰山模型把个体素质形象地描述为漂浮在洋面上的冰山，其中知识和技能是属于裸露在水面上的表层部分，这部分是对任职者基础素质的要求，但它不能把表现优异者与表现平平者区别开来，这一部分也称为基准性素质。（ ）

6. 素质模型对个人求职及职业发展具有边缘性作用。（ ）

7. 所谓“意义事件”也可以是全程旁观了的重要事件。（ ）

8. 意义事件练习和成长楷模练习的思路基本一致，区别在于从自己的生活体验出发，以一种更为深入的视角去抽取其中反复出现的关键点，并寻找不同内容之间的联系。（ ）

9. 意义事件练习是帮助我们感受寻找生涯主题的过程。（ ）

10. 人的职业价值观非常稳定，不会因为环境发生任何变化。（ ）

11. 价值观匹配是高级追求，等我们先在职业中满足了生活需要之后才需要开始考虑。（ ）

12. 每个人的职业价值观都是固定的，是本性使然，不会随着时间、经历的改变而改变。（ ）

13. 追求帮助他人的人内心往往需要通过帮助别人来得到尊重和认可。（ ）

14. 我们有时候会因为对生活的体验不深，而搞不清楚自己的职业价值观。（ ）

15. 反思自己的价值观是一种重要的生涯规划能力，我们要养成经常反思的习惯。（ ）

16. 价值观与职业的匹配是非常严格的，我们一定要找到和自己价值观完美匹配的那一种职业。（ ）

17. 价值观与职业的匹配不仅要考虑工作内容，也要考虑组织文化，很多时候同样的职业，在不同的机构做，最适合的价值观也是不同的。（ ）

18. 对于自我的深入分析，不光可以通过练习，还可以通过个人经历的回顾。（ ）

19. 一个人的兴趣类型很容易受到周围人的影响。（ ）

20. 不同情境下人会有不同喜好表现，但兴趣具有相对稳定性。 （ ）

21. 不同兴趣代码类型的人适合学习不同类型的专业。 （ ）

22. 具有冒险精神的人都可以归类为 J 型特征的人。 （ ）

23. 基于问题的“元”分析，就可以形成一个个待完成目标。 （ ）

24. SWOT 分析的前提是需要有一个目标。 （ ）

25. 信心会影响人的行为，因此信心会影响行为结果。 （ ）

26. 职业化的仪态、形象，可以强化人的自我定位，从而提升求职信心。 （ ）

27. 多血质比抑郁质的个体更容易取得社会成就。 （ ）

28. 气质无所谓好坏，性格有优劣之分。 （ ）

29. 个人兴趣类型、专业和职业之间，存在着绝对的一一对应关系。 （ ）

30. “经历即自我”，是对个体行为风格形成的一个较好诠释。 （ ）

第四章 了解职业

【教学目标】 了解相关职业和行业，掌握搜集和管理职业信息的方法。

【教学内容】

1. 我国对产业、行业的划分及概述；我国劳动力市场的基本状况；国内外职业分类方法。

2. 影响劳动力市场的因素。

3. 根据设定的职业发展目标确定职业探索的方向。

4. 职业信息的内容：工作内容、工作环境、能力和技能要求、从业人员共有的人格特征、未来发展前景、薪资待遇、对生活的影响等。

5. 搜集职业信息的方法：可利用学校、社区、家庭、朋友等资源。

【教学方法】 课堂讲授、分组调查、课堂讨论等。

一、单项选择题

1. 个人所从事的服务于社会并作为主要生活来源的工作叫(　　)。

A. 专业　　B. 行业　　C. 职业　　D. 产业

2. (　　)是指人们参与社会分工，通过利用专门的知识、技能，创造物质财富与精神财富，并取得合法收入，以此来满足物质生活与精神需求的工作。

A. 职位　　B. 事业　　C. 生涯　　D. 职业

3. 2017 年新颁布的《国民经济行业分类》国家标准。新标准将国民经济行业划分为门类、大类、中类和小类四级，共有(　　)个行业门类。

A. 22　　B. 18　　C. 16　　D. 20

4. 产业是根据社会生产活动(　　)对其进行划分，一般分为三个大类：第一产业、第二产业和第三产业。

A. 作用的轻重　　B. 就业的情况
C. 发生的顺序　　D. 行业的类别

5. 发现职业发展方向的逻辑起点是(　　)。

A. “意义事件”　　B. “生活体验”
C. “生涯主题”　　D. “职业目标”

6. 职业有四个主要元素：个人、组织、(　　)和公众体。

A. 社会　　B. 国家　　C. 单位　　D. 行业

7. 工业革命后，教育不断制度化并大规模普及，(　　)首先成为工业的助推器。

A. 工业　　B. 农业　　C. 教育　　D. 机器

8. 构成一个职业的基本要素有三个：一是社会分工，就是它的具体岗位；二是(　　)；三是它需要的专门性技术、技能。这三个要素是判断某项工作是否是社会公认的职业的重要标准。

A. 爱好　　B. 责任
C. 职责，就是它应该承担的义务　　D. 兴趣

9. 管理型职业属于专业性较弱的职业，这个类型的职业比较重视的是(　　)。

A. 社会能力　　B. 社交能力　　C. 通用能力　　D. 专业能力

10. 为社会提供同类产品或者服务、从事相同性质活动的所有单位集合是指(　　)。

A. 行业　　B. 产业　　C. 专业　　D. 职业

11. 下列选项不属于事务型职业的是(　　)。

A. 档案管理员　　B. 秘书
C. 打字员　　D. 科学家

12. 下列选项中全部是白领职业的是(　　)。

A. 会计、建筑工人、牧师、行政助理
B. 工程师、医生、农场员工、秘书
C. 计算机专家、酒店服务人员、作家

D. 法官、社会学家、公司总裁、教师

13. 关于行业发展与职业生涯发展的关系，说法最准确的是(　　)。

A. 行业发展影响职业生涯发展

B. 行业发展制约职业生涯发展

C. 行业发展为个人发展提供机会，个人发展促进行业发展

D. 职业理想是实现社会理想的基础，社会理想制约着职业理想

14. 在这个知识随时可以基本免费获取的时代，学校的价值是(　　)。

A. 较为丰富的练习　　B. 内化系统的知识

C. 提供更多的人际机会　　D. 有丰富的资源库

15. 以下表述相对正确的是(　　)。

A. 职业=事业　　B. 职业=赚钱

C. 职业=专业　　D. 职业=工作

16. 以下不属于职业的有(　　)。

A. 法官　　B. 教师　　C. 农民　　D. 儿子

17. 以下关于职业表述错误的是(　　)。

A. 职场上的专门行业，是对劳动的分类

B. 职业不具有时代性

C. 其概念与时代、社会经济水平有关

D. 是私有制发展到一定阶段的产物

18. 以下关于职业化的说法，不正确的是(　　)。

A. 按照自己的意愿去理解和对待职业，就是职业化

B. 是一种态度，更强调自我约束，而一个非职业的人与他们是合不上拍的

C. 是个性的发展要适应共性的要求，将外在要求内化为自我修养，努力追求成为优秀职业人的历程

D. 某领域知识潜在的文化氛围，在职场上大家都用同一种语言说话，用同一种行为和道德准则来办事

19. 在漫长的农业社会后，人类社会经过工业革命进入了(　　)。

A. 农耕社会　　B. 工业社会

C. 后工业社会　　D. 信息化社会

20. 在人类社会的发展史上，经历了三次科技革命，其标志分别为(　　)。

A. 蒸汽机的发明、纺织机的发明、电子计算机的发明

B. 蒸汽机的发明、电力的发明、电子计算机的发明

C. 蒸汽机的发明、电力的发明、电子计算机、原子能和空间科学技术的发明和使用

D. 蒸汽机的发明、纺织机的发明、原子能的发明和使用

21. 职业的本质特征是(　　)。

A. 能力　B. 社会属性　C. 兴趣　D. 素质

22. 职业的发展呈现出一定的(　　)。

A. 综合性　B. 规律性　C. 多元性　D. 专业性

23. 职业的核心要素是(　　)。

A. 能力　B. 需求　C. 回报　D. 要求

24. 职业的划分带有明显的(　　)。

A. 时代性　B. 连续性　C. 客观性　D. 主观性

25. 职业的基本内涵是(　　)。

A. 运用自己的高水平能力服务社会并取得回报

B. 热爱和兴趣

C. 获取报酬

D. 完成使命

26. 职业发展的唯一途径是(　　)。

A. 热爱　B. 思考　C. 行动　D. 决策

27. 职业发展的信念和态度包括(　　)。

①乐观　②主动　③开放　④坚持

A. ①②③　B. ②③④　C. ①②④　D. 全部都对

28. 职业发展的摇篮是(　　)。

A. 中学　B. 大学　C. 研究所　D. 职场

29. 职业分类的依据是(　　)。

A. 所有制的发展　B. 社会分工

C. 专业化水平　D. 个人素质

30. 职业活动区别于其他活动的一个重要标志是(　　)。

A. 有无经济收入或报酬 B. 有无独立的工作空间
C. 有无自由的支配时间 D. 有无专业技术技能

31. 2019 年 4 月 1 日，人力资源和社会保障部、市场监管总局、统计局正式向社会发布了 13 个新职业信息。以下属于新职业的是( )。
A. 电报收发员 B. 钢笔修理工
C. 补锅匠 D. 物联网工程技术人员

32. 以下属于已经基本消失的职业是( )。
A. 外卖员 B. 育婴师
C. 汽车驾驶员 D. 电话接线员

33. 大学生主体就业在第几产业？( )
A. 第一产业 B. 第二产业 C. 第三产业 D. 平均分布

34. 对职业信息的把握，最好从“历史”“现在”“未来”三个维度去把握，其中“现在”信息里最重要的是( )。
A. 这个工作的发展前景 B. 这个工作的人际关系状况
C. 当前的收入状况 D. 当前典型工作一天的描述

35. 行业发展的趋势代表着机会空间，所以生涯规划的“知彼”就是( )。
A. 紧盯当前最有机会的领域 B. 随时跟进当前的最新发展
C. 深入了解行业、职业的发展趋势 D. 尽可能多地去参与社会实践

36. 工作使命和通过工作赚钱的基本差异( )。
A. 在于工作的内容与性质 B. 在于工作的动机与态度
C. 在于工作的难易度 D. 在于工作的紧迫性和重要性

37. 职业就是满足人群一种稳定需求的服务体系，所以职业定位与选择需要( )。
A. 考虑当前的行业分类 B. 把握人群的需求趋势
C. 能够量己力而行 D. 考虑其经济回报

38. “人怕入错行”主要是指( )。
A. 所入的行业可能有害于社会
B. 没有规划就凭直觉选择职业
C. 没有挣到如预期的回报

D. 所追求的东西超越自身能力的边界

39. 企业在发展的过程中，必然会产生招人需求，那么求职的有效时机在于(　　)。

A. 有内部关系　　B. 尽早去实习

C. 尽早了解单位用人需求　　D. 充分的能力磨炼

40. 中国在册记录的职业有多少种？(　　)

A. 超过 36 种　　B. 超过 360 种　　C. 超过 720 种　　D. 超过 1400 种

41. 2015 年的《中华人民共和国职业分类大典》与 1999 年版本相比，职业数(　　)。

A. 持平　　B. 减少　　C. 增加　　D. 新的分类

42. 相对来说，三大产业（农业、工业、服务业）中，(　　)产业技术含量相对更高？

A. 第一产业　　B. 第二产业　　C. 第三产业　　D. 都高

43. 随着生活条件越来越好，各个国家逐渐步入老龄化社会，因此(　　)。

A. 社会将产生劳动力巨大不足的情况

B. 以老人为客户的产业会有一个大的发展

C. 世界正在走向衰败

D. 这就是科技的消极后遗症

44. 了解职业信息，性价比最高的方法是(　　)。

A. 阅读行业人物传记　　B. 查看《职业分类大典》

C. 直接体验　　D. 生涯人物访谈

45. 职业能满足人们生存需要对应的工作境界是(　　)。

A. 赚钱谋生　　B. 事业　　C. 使命　　D. 专业

46. 以下关于岗位和角色说法正确的是(　　)。

A. 它们是不同的两个概念，但是使用范围相同

B. 岗位是一个区域，而角色则是一个点

C. 岗位是组织为完成某项任务而确立的，角色指某人在特定的社会和团体中占有的适当位置

D. 它们是两个相同的概念，但是使用范围不同

47. 目前来看，以下职业中，属于夕阳职业的是(　　)。

A. STEM 创客指导师　　B. 公交车售票员

C. 职业生涯辅导师　　D. 宠物摄影师

48. 工作使命是实现自己的价值追求，赚钱是为了让生活更好，两者之间的基本差异在于(　　)。

A. 工作的内容与性质　　B. 工作的动机与态度

C. 工作的难易度　　D. 工作的紧迫性和重要性

49. 下面对职业的内涵叙述有误的是(　　)。

A. 从事职业活动是有报酬的劳动，有稳定的收入是职业区别于其他劳动的主要特征

B. 既是人们实现人生价值、为社会做贡献的舞台，也是人们谋生——在社会中生存和发展的手段

C. 职业是为他人、为社会做的有责任的工作

D. 稳定的收入是指所从事的工作有一定的连续性，其报酬构成从业者赖以生存的主要经济来源

50. 当前人类进行的第四次科技革命是(　　)。

A. 机械化　　B. 电气化　　C. 信息化　　D. 智能化

51. 教师、医生、律师、法官、广播电视工作者等职业属于(　　)。

A. 管理型职业　　B. 社会型职业　　C. 科研型职业　　D. 传统型职业

二、多项选择题

1. 人类社会经历了三次技术革命，下列描述正确的是(　　)。

A. 第一次是蒸汽机的发明和使用

B. 第二次是电的发明和使用

C. 第三次是以互联网产业化、工业智能化、工业一体化为代表的全新技术革命

D. 第三次是以微电子为代表，原子能、新材料、生物工程、空间技术等的发明使用

2. 关于产业表述正确的是(　　)。

A. 产业是行业的集合　　B. 产业等于行业

C. 产业是由行业组成的　　D. 国际上通常把产业分为三大类

3. 人类历史上发生了三次具有重大意义的社会分工，下列描述正确的是(　　)。

A. 第一次是农业部落和游牧部落从原始的狩猎、采集部落中分离出来

B. 第二次是工业同农业的分离

C. 第二次是手工业同农业的分离

D. 第三次是商业和商人阶级的产生，流通本身成为庞大的职业类型

4. 人类医学发展到今天，主要形成了(　　)。

A. 东方医学　　B. 西方医学

C. 藏医学　　D. 中西医结合医学

5. 人类最古老的职业是(　　)。

A. 农业　　B. 畜牧业　　C. 手工业　　D. 青铜业

6. 人们从事种植业养殖业，需具备(　　)。

A. 只要有劳力就行　　B. 专门知识

C. 职业道德　　D. 无专业性

7. 以下关于职业表述正确的是(　　)。

A. 社会分工是职业分类的依据

B. 职业等于职能乘上行业

C. 职业的功利性也叫职业的经济性

D. 职业能满足人们生存的需要

8. 维持一份职业的关键因素包括(　　)。

A. 自己的需求　　B. 工作的回报

C. 工作的要求　　D. 自己的能力

9. 以下属于社会型职业的是(　　)。

A. 教师　　B. 医生　　C. 法官　　D. 秘书

10. 以下属于事务型职业的是(　　)。

A. 律师　　B. 档案管理员

C. 办事员　　D. 秘书

11. 以下属于专业性职业的有(　　)。

A. 医师、牧师　　B. 律师、教师

C. 医院护工　　D. 工程师

12. 第二产业包括(　　)。

A. 采矿业　　B. 制造业　　C. 电力　　D. 建筑业

13. 通常情况下生产型企业组织都有多种职能，一般包括(　　)。

A. 产品研发、生产　　B. 采购、仓储、物流

C. 财务、行政、人事　　D. 销售、市场、售后

14. 职业信息从“理性”到“感性”意味着(　　)。

A. 需要个人参与其中　　B. 需要的信息更多

C. 信息分类不同　　D. 从数据信息到体验信息

15. 工作的“未来”信息是指(　　)。

A. 职业的未来发展路径　　B. 职责对人的能力增长要求

C. 当前职位的下一个目标　　D. 收入增长情况

16. 职业选择的“人口趋势”是指(　　)。

A. 人口趋势可以预测未来的规模性需求

B. 特定年龄人群有相似的消费类型

C. 提供主流人群的核心需求服务，就有前景的选择

D. 针对中国的“老龄化”做一些职业准备

17. 技术所推动的产业变革，将改变一个时代对“机会”的内涵定义，所以定位职业需要(　　)。

A. 切实把握当前的产业趋势　　B. 以不变应万变

C. 以开放的态度，与时俱进　　D. 关注具有变革性的技术更新

18. 因为任何选择都有“沉没成本”，所以职业定位需要(　　)。

A. 更全面地评估　　B. 对“知彼”有更多迫近

C. 选择时更关注“未来”　　D. 选择时少纠结于“可能失去”

19. 与“手机”相关的职业可能涉及的专业有(　　)。

A. 外语　　B. 中文　　C. 计算机　　D. 机械设计

20. 以下属于正向产业发展趋势的产业有(　　)。

A. 互联网金融　　B. 移动电商

C. 大健康产业　　D. 环保行业

21. 进行职业信息探索，需要从可读、可触、可感三个层面入手。“可读”指的是(　　)。

A. 印刷的职业相关材料　　B. 与人交流的信息

C. 自己体验的信息　　D. 通过阅读相关分析来了解

22. 随着时代的发展，新职业不断地涌现，职业变化的背后(　　)。

A. 折射出中国经济社会的巨大发展

B. 随着科技的发展、人工智能的兴起，新旧职业的变迁速度会越来越快

C. 说明人民生活水平提高了

D. 体现出我们国家更富强、更伟大

23. 专业与职业的关系(　　)。

A. 专业是选择职业的重要依据

B. 专业与职业不能一一对应

C. 专业与职业关系密切，专业就等于职业

D. 专业是社会职业需要与学科知识体系相结合的产物

24. 职业的个人功能表现在(　　)。

A. 职业是人的主要经济来源

B. 职业能使人获得非经济利益

C. 职业是个人发挥才能的手段

D. 职业是个人为社会贡献的途径

25. 职业的社会功能表现在(　　)。

A. 职业是个人为社会贡献的途径

B. 职业是社会存在的内容

C. 职业的运动和转换可能成为社会发展的动力

D. 职业是维持社会稳定的基本手段

三、判断题

1. 社会型职业是指包括教育人，救死扶伤，提供公共服务，协调人际关系，为人民提供生活便利的工作。(　　)

2. 在职业目标产生的过程中，生涯主题发挥着核心作用。(　　)

3. 职业是人类社会发展到一定阶段的产物，也必将随着人类社会的发展

而消失。（ ）

4. 职业所得包括物质所得与精神所得，而精神所得往往会带来更多的工作动力。（ ）

5. 职业以获得现金或实物等报酬为目的，所有以此为目的行为就是职业。（ ）

6. 在这个物质丰饶的时代，品质追求成为趋势，并催生相关的职业领域。（ ）

7. 科技革命为人类节约出来的时间，需要更多的创新去填充。所以，文化、休闲产业是一个巨大的产业趋势。（ ）

8. 互联网产生的聚集效应，将催生出独特的产业形态，而且会对传统产业造成巨大冲击。（ ）

9. 科技推动各个行业都迅猛发展与改变，但不浮躁的、扎实的专业学习是未来立身之本。（ ）

10. 职业是经济性和社会性的统一。（ ）

11. 职业实质上实现了劳动者与生产资料的结合，体现了人与人的社会关系。（ ）

12. 职业是一种自然存在，不是一种社会存在。（ ）

第五章 了解环境

【教学目标】　了解所处环境中的各种资源和限制，能够在生涯决策和职业选择中充分利用资源。

【教学内容】

1. 探索学校、院系、家庭以及朋友等构成的小环境中的可利用资源。

2. 了解国家、社会、地方区域等大环境中的相关政策法规、经济形势，探索其对个人职业发展的意义和价值。

【教学方法】　课堂讲授、完成作业。

一、单项选择题

1. 大学生在就业和职业规划过程中，首先需要了解认知周围环境，不包括(　　)。

A. 职业环境认知　　B. 行业环境认知

C. 组织环境认知　　D. 居住环境认知

2. 大学生在就业和职业规划过程中，下列不属于认知经济环境内容的是(　　)。

A. 劳动力供求状况　　B. 区域经济发展水平

C. 经济相关法律法规　　D. 经济发展形势

3. 有关职业世界探索的作用表述错误的是(　　)。

A. 了解职业世界的现状和职业演变的内在规律，可以帮助我们实现职业目标落地

B. 探索职业世界，能让我们找到那些与自己的兴趣、潜能、性格相适应的职业类型，有利于我们确立适合自己的职业目标

C. 理解职业的发展变化，能让我们扩展职业选择范围，用发展的眼光看待自己的职业生涯

D. 探索职业世界并不能帮助我们确立职业目标

4. 职业要素之职业技术，是指劳动者在从事职业活动中所运用的技术的总和，不包括(　　)。

A. 游戏技术　　B. 自然技术　　C. 社会技术　　D. 思维技术

5. 职业方向的形成和凝炼是一个循序渐进的过程，有关这个过程描述不准确的是(　　)。

A. 从自身成长经历、人生楷模中寻找职业发展的大概方向

B. 在生涯畅想中聚焦和凝炼职业发展方向

C. 直接从我们自身生活经验和兴趣爱好中发掘

D. 结合社会现实将职业发展方向转变为具体的职业发展目标

6. 一对在相同环境中学习成长的孪生姐妹，姐姐活泼开朗、勇敢果断、处事主动，妹妹文静内向、缺少主见、依附性强。这说明(　　)。

A. 相同成长环境和工作环境不可能塑造相同性格

B. 江山易改，禀性难移

C. 日常生活中，许多从事同一职业的人有相似的性格

D. 为了职业需要，人们可以尝试去调适自己的性格

7. 人的潜力往往是被环境的机会给激发出来的，而机会是(　　)。

A. 别人所赐予的一种发展契机　　B. 与自己发展目标有关联的资源

C. 命运之神的眷顾　　D. 只能期待，无法设计的东西

8. 一个地区人口众多且人口规模持续增长，说明(　　)。

A. 这里将会有越来越多的机会和资源

B. 这里会有越来越强的竞争

C. 这个地区经济发展受限

D. 这个地区的政策控制力度弱

9. 人们常说“机会垂青有准备的头脑”，它的前提是(　　)。

A. 成长环境里各种机会丰富

B. 关于自己的发展思路清晰

C. 清晰自己期望获得什么样的机会

D. 主动寻找机会

10. 向周围相关的更多人表达你的求职目标与需求，会(　　)。

A. 树立更多竞争对手

B. 成为别人打击对象

C. 被别人嘲笑不自量力

D. 得到更多与职业发展相关的资源与信息

11. 关于企业单位的描述错误的是(　　)。

A. 从事生产经营和社会服务等经济活动

B. 具有法人资格，实行独立核算的营利性组织

C. 是国民经济的基本单位

D. 主要靠国家财政拨款

12. 就专业性质而论，下列选项不属于事业单位的是(　　)。

A. 食品卫生保监局　　B. 美的集团

C. 合肥市自来水公司　　D. 高分子研究所

13. 大学毕业生求职有三个选择：一是进入大型稳定的组织；二是进入正在高速增长的领域；三是进入新兴萌芽领域。一般具有创新创业精神的学生建议选择(　　)。

A. 第三种　　B. 自己创业　　C. 第一种　　D. 第二种

14. 进行生涯人物访谈时，“典型工作一天”是指(　　)。

A. 最常出现的工作一天表现　　B. 出现突发事件的某一天

C. 表现职业优势的一天　　D. 有更多交互的职业一天

15. 他人的建议往往带有很强的主观性，所以来自职场他人的建议需要(　　)。

A. 全盘接受

B. 尽量通过实习深入了解

C. 访谈多个生涯人物，然后进行综合

D. 建立与职场他人的深入关系，可以多方打听

16. 在信息时代，片段化的知识（信息）价值较低，因为(　　)。

A. 获取基本无须成本　　B. 只有上网就可获得

C. 需要智能化设备才行　　D. 信息真假难辨且冗余太多了

17. 通过目标岗位上绩优员工的典型事件，可以看出(　　)。

A. 这个岗位的重要性 B. 岗位的核心胜任项
C. 清晰这个岗位的招人要求 D. 深入了解这个职场人

18. 下列关于组织环境认知不正确的是(　　)。
A. 组织的所有制性质不同，会导致经营方式不同
B. 组织性质不同，会形成不同的组织文化
C. 组织性质不同，也会派生出对人才的不同评价和使用标准
D. 以上描述都不对

二、多项选择题

1. 职业的要素包括(　　)。
A. 职业名称 B. 职业主体和职业客体
C. 职业报酬 D. 职业技术

2. 根据我国国民经济发展现状，借鉴国际标准职业分类体系，我国职业划分为(　　)。

A. 第一大类为“国家机关、党群组织、企事业单位负责人”，第二大类为“各类专业、技术人员”

B. 第三大类为“办事人员及有关人员”，第四大类为“商业及服务业人员”

C. 第五大类为“农林牧渔水利业生产人员”，第六大类为“生产、运输人员及有关人员”

D. 第七大类为“军人”，第八大类为“服务人员”

3. 下列属于认知社会职业的内容是(　　)。
A. 工作性质以及工作条件 B. 所需的教育、培训和经验
C. 收入、薪酬范围和福利 D. 资历、技能和能力

4. 下列选项属于认知职业的方法和渠道的是(　　)。
A. 专业报刊 B. 参加专业/行业/协会的活动
C. 参加人才交流会 D. 以上都不是

5. 在我国，根据2017年国家统计局修订的《国民经济行业分类》标准，第一产业包括(　　)。

A. 农业 B. 林业 C. 畜牧业 D. 渔业

6. 在我国，根据2017年国家统计局修订的《国民经济行业分类》标准，

第二产业包括(　　)。

A. 采矿业

B. 制造业

C. 电力、热力、燃气及水的生产和供应业

D. 建筑业

7. 在我国，根据2017年国家统计局修订的《国民经济行业分类》标准，第三产业包括(　　)。

A. 交通运输、仓储和邮政业

B. 住宿和餐饮业

C. 信息传输、软件和信息技术服务业

D. 批发和零售业

8. 目前根据经济核算方式的不同，通常将工作单位分为(　　)。

A. 政府单位　　B. 企业单位　　C. 机关单位　　D. 事业单位

9. 认知行业环境内容包括(　　)。

A. 行业性质以及行业的细分领域

B. 行业对生活和社会的作用以及行业发展前景、趋势

C. 从事行业需要具有的通用素质、技能证书

D. 国内外最著名的业内公司及其介绍

10. 一个行业的成长周期包括(　　)。

A. 初始发展阶段　　B. 快速成长阶段

C. 成熟阶段　　D. 停滞、衰退阶段

11. 下列关于行业选择的建议合理正确的是(　　)。

A. 行业的优势和竞争力，直接影响着个人的职业发展前景

B. 只加入发展成熟的行业

C. 在行业的停滞和衰退阶段，最好不要加入

D. 如果行业中存在的问题无法消除，要慎重加入

12. 关于组织环境描述正确的是(　　)。

A. 是影响组织运行和组织绩效的要素之和

B. 包括组织管理活动的内在与外在的客观条件，对组织的生存和发展起着决定性作用

C. 主要指组织的所有制性质

D. 以上描述都不对

13. 组织环境认知的主要内容包括(　　)。

A. 组织性质

B. 组织文化

C. 领导人的素质和价值观

D. 组织自身的人力资源状况与制度

14. 意义事件是帮助大学生自我探索的重要方法，下列可以成为“与个人能力素质有关的意义事件”的是(　　)。

A. 培养某种爱好

B. 在大庭广众之下表演或演讲

C. 学会在各种压力下生活

D. 投稿，并在自己最喜欢的报刊上发表一篇文章

15. 意义事件是帮助大学生自我探索的重要方法，下列可以成为“与个人体验有关的意义事件”的是(　　)。

A. 用一生的时间铭记一个教训或一个有益的忠告

B. 当一次兵，感受一次军旅情怀

C. 历尽挫折，最终做成某件事

D. 异位思考，获得了区别以往的体验

16. 意义事件是帮助大学生自我探索的重要方法，下列可以成为“与家人有关的意义事件”的(　　)。

A. 衷心地赞美你的家人

B. 为父母按摩、擦身、洗脚

C. 每天抽出一点时间和家人在一起或打一个电话

D. 给弟弟妹妹做出榜样

17. 意义事件是帮助大学生自我探索的重要方法，下列可以成为“与友情有关的意义事件”的(　　)。

A. “给足他人面子”，不伤害别人自尊

B. 到站台上送别好友，体验离愁别绪、思念之苦

C. 珍藏一件凝聚情感的物品

D. 交一个异地或异国的朋友

18. 下列哪些有意义的事情，可以成为我们找到“意义事件”的记忆线

索？(　　)

A. 与家人有关的事件　　B. 与爱情有关的事件

C. 与友情有关的事件　　D. 与个人体验有关的事件

19. 下列有关“生涯漫游”练习操作细节论述正确的是(　　)。

A. 不要使用有任何线条的纸张，它们会干扰你对内容的组织和关联

B. 使用彩笔、蜡笔、马克笔会比单纯使用签字笔、圆珠笔显得更有创意，亮色和彩色能让人更乐于敞开心扉表达崭新的想法

C. 自我探索需要时间与舒适安静的环境

D. 在你头脑风暴的过程中，不需要以任何方式组织它们的逻辑关系，不要遵循任何顺序，不需要安排它们在纸上的布局……

20. 职业活动是人类生存、个人生活的根基。以下理解正确的是(　　)。

A. 职业是为社会做贡献的舞台　　B. 职业能带来稳定的收入

C. 职业是实现人生价值的途径　　D. 职业是谋生的手段

21. 职业培训工作主要由哪些政府认定的组织和机构承担？(　　)

A. 有资质的社会培训机构　　B. 技工院校

C. 企业所属培训机构　　D. “双一流”高校

22. 职业世界探索对确立职业目标的作用是(　　)。

A. 探索职业世界，能让我们找到那些与自己的兴趣、潜能、性格相适应的职业类型，有利于我们确立适合自己的职业目标

B. 你在专业学习和课外活动中的亲身体验和主观感受是你探索自身兴趣、优势潜能、性格倾向的重要源泉

C. 了解职业演变的规律，理解职业因人的需求而改变，能让我们扩展职业目标的选择范围，用发展性的眼光看待自己的职业生涯

D. 我们了解自己的学业资源、了解未来所面临的职业世界、了解自己内在的兴趣、价值观和工作风格，为职业目标的产生储备了丰富的“原材料”

23. 从生涯规划角度理解，环境与个人的关系是(　　)。

A. 环境是个人的资源库

B. 个人适应环境、改造环境用以发展

C. 个人拥有环境的决定权

D. 环境决定人的发展

24. 一般情况下，在一个组织里，与核心业务关系最密切的工作最有发展

空间。比如在一家手机制造企业，哪些是核心业务？(　　)

A. 研发　　B. 设计　　C. 客服　　D. 人力资源

25. 巨头云集的传统领域，往往形成的是按资排辈的发展路径，所以(　　)。

A. 这样的领域不是优质的“势能”领域

B. 选择传统行业的优势企业可以获得安全感

C. 最好不要选择这样的组织

D. 如果期望全面发挥自己才智，慎选这样的领域

26. “富不过三代”主要是因为(　　)。

A. 过多资源使人丧失了自我潜力开发的动力

B. 资源诱惑而失去开拓新领域的创新精神

C. 固守“资源”领域，而失去发展的机会

D. 上天是公平的，会用无形的手调节以维持公平

27. 获得成长与成功的关键是(　　)。

A. 有着清晰的自我定位　　B. 与有资源的人为伍

C. 广泛的资源开拓　　D. 等待机遇垂青

28. 与发展相关的资源从弱关系那里更易获得是因为(　　)。

A. 弱关系网更广　　B. 彼此利害冲突小

C. 需求更多元　　D. 厉害的人更多

29. 社会资本就是与人建立合作关系的能力和机会空间，所以建立社会资本需要(　　)。

A. 更充分的自我表达

B. 主动去与有资源的人建立关系

C. 更广泛且有效地与人合作

D. 随时反思当前交往的人有什么用

30. 要想获得朋友、亲戚、老师等人际网络的职业机会推荐，应该(　　)。

A. 让对方了解你的独特性　　B. 展示你清晰的求职目标

C. 获得对方对你的信任　　D. 提供对方足够多的好处

31. 未来很难被机器取代的领域可能包括(　　)。

A. 强调想象的领域（比如编写小说、故事）
B. 需要情感互动的领域
C. 强调人际协同的领域
D. 追求效率优先的领域

32. 毕业求职，大城市的优势主要在于(　　)。
A. 会让人持续处于焦虑状态　　B. 拥有更多的机会
C. 与更多优秀的人共同成长　　D. 足够的外部压力让人保持活力

33. 分析地域发展趋势的策略有(　　)。
A. 分析一个地区的科技企业比例变化趋势
B. 分析一个区域的市场化程度
C. 分析一个区域的民企 500 强比例
D. 分析一个区域的人口数量趋势

34. 阅读行业名人传记也是了解职业的好方法，因为(　　)。
A. 行业名人的经历呈现出职业的某一侧面
B. 这样活生生的经历容易让人形成某种职业感受
C. 行业名人的生活背景可以呈现职业背景
D. 这样具有更强的可读性

35. 生涯人物访谈中，“生涯人物”一般情况下需要(　　)。
A. 从业三年以上　　B. 善于表达
C. 工作业绩要高　　D. 找三个以上的代表人物

36. 进行生涯人物访谈的好处是(　　)。
A. 通过访谈可以建立求职信息渠道
B. 能以较高效率获得职场信息
C. 可以锻炼自己的访谈能力
D. 能够获得比较深入的职场信息

37. 生涯人物访谈中，了解未来发展路径的关键是(　　)。
A. 典型的上升路径　　B. 到达每一个阶段的要求
C. 一般的上升节奏　　D. 了解这个职业的趋势

38. 如果不喜欢自己所学的专业，需要(　　)。
A. 没有改变的情况下把当前专业先学好

B. 找到喜欢的专业，努力转专业

C. 无所谓，大学专业基本没用处

D. 努力学习，培养兴趣

39. 深入了解本专业是克服和解决专业情绪和焦虑的良好方法，因为了解专业可以帮助你深入了解(　　)。

A. 本专业适合的未来职业

B. 专业学习可能掌握的能力

C. 专业的拓展领域

D. 与领域内的专业人员密切接触

40. 大山里放羊娃的人生理想就是放更多羊、挣钱、盖房、娶媳妇、生娃放羊。这说明(　　)。

A. 人是脚踏实地定位自己的人生

B. 视野与格局定位了个人未来可能性

C. 环境决定人往往是通过认知

D. 如果想不到未来，也实现不了未来

三、判断题

1. “比别人多用心一点，你就离成功近一点”，这是杜拉拉给每一位渴望走进职场、获得职场成功的大学生的启示，也说明了解环境是做好职业生涯规划的前提。(　　)

2. “知己知彼，百战不殆。”只有充分了解职业世界信息，才能知道自己能做什么，才能明白自己到底适合什么样的工作，才能够正确地做好职业生涯规划。(　　)

3. 职业是指具备劳动能力的个体，运用自身的知识、技能与态度，从事社会生产服务，为社会创造物质财富和精神财富，并获得合理的个人报酬，以满足自身的物质与精神需求的持续性活动。(　　)

4. 一个行业是从事不同性质经济活动的所有单位的集合。(　　)

5. 选取“意义事件”时，别人如何看待不重要，只要你感觉它是独特的就可以了。(　　)

6. 重视偶发事件不止是用积极乐观的态度面对负面意外，更要去规划偶发事件。（　　）

7. 探索我心目中的榜样是为了让我去从事和他们一样的职业。（　　）

8. 探索我心目中的榜样，结果发现他们从事的职业我都干不了，这个探索就没有意义了。（　　）

9. 有些时候我们认为的世界是什么样的，外边的世界就会是什么样的。（　　）

10. 几次产业革命的核心推动力源于科技，因此以科技趋势作为一个重要的生涯拓展角度是必要的。（　　）

11. 当今智能科技的时代，所有可以流程化的工作都会被机器取代，因此需要习得更复杂的专业体系与能力。（　　）

12. 移动互联网时代，催生和改变了许多的产业形态，因此需要在这方面保持开放的探索精神。（　　）

13. 移动互联网时代，使中心化传媒变成了分散的自媒体时代，这更有利于个人独特价值的发挥。（　　）

14. 进入 TOP10 领域，年资就会成为发展的重要变量，而进入新兴领域则会有更多的机会。（　　）

15. 如果你从来没见过大象，你把长鼻子、粗腿、尖牙等组合起来，也会形成大象的真实形象。（　　）

第六章 职业发展决策

【教学目标】 了解职业发展决策类型和影响因素，思考并改进自己的决策模式。引导学生将决策技能应用于学业规划、职业目标选择及职业发展过程。

【教学内容】

1. 决策类型；职业生涯与发展决策的影响因素（教育程度、工作及家庭对决策的影响，个人因素及环境因素）。

2. 决策相关理论；决策模型在职业生涯与发展决策过程中的应用。

3. 做出决策并制订个人行动计划。

4. 识别决策过程中的影响因素，提高问题解决技能。

5. 识别决策过程中的消极思维，构建积极的自我对话。

【教学方法】 课堂讲授、个人经验分析、课后练习。

一、单项选择题

1. 大学生培养决策能力应注意(　　)。

①克服从众心理　②增强自信心　③决策勿求十全十美　④多向师长请教

A. ①②④　　B. ①②③　　C. ②③④　　D. ①②③④

2. 规划偶发事件是指(　　)。

A. 通过无意识的行动去增加某一事件的出现概率

B. 通过有意识的行动去增加某一事件的出现概率

C. 通过无意识的行动去减少某一事件的出现概率

D. 通过有意识的行动去减少某一事件的出现概率

3. 绝大多数毕业生都会因为担心能否找到一个理想的工作岗位、能否恰当表现自己能力而产生求职焦虑情绪，应该如何进行心理调适？(　　)

A. 焦虑是由心理冲突或挫折而引起的，是一种复杂情绪的反应，主要表现为恐惧、不安、忧虑及某些生理反应

B. 毕业生在求职中还要积极地悦纳自己，增强自信心

C. 以自己所长，择社会所需，合理定位自己的求职目标

D. 以上都对

4. 实现职业目标不包括下列哪项步骤？(　　)

A. 善用支持资源　　B. 绘制生涯漫游图

C. 管理行动过程　　D. 积极应对变化

5. 有明确目标和清晰路线图的职业发展模式称为(　　)。

A. 线性路径　　B. 非线性路径

C. 直线路径　　D. 曲线路径

6. 下列关于漏斗模型与职业目标论述错误的是(　　)。

A. 职业目标的产生建立在生涯探索的基础上，是在生涯主题的引领下整合学业、职业、自我探索成果的产物，存在一个逐步聚焦的过程

B. 我们了解自己的学业资源、了解未来所面临的职业世界、了解自己内在的兴趣、价值观和工作风格，为职业目标的产生储备了丰富的“原材料”

C. 生涯主题就好比是整合“原材料”的机器，它是贯穿于我们人生全程的一条隐线，它决定了我们该如何使用这些“原材料”，也决定了哪些“原材料”对职业目标的确立影响更大；当“原材料”彼此之间存在不衔接、不匹配的问题时，生涯主题会帮助我们走出眼前的困境

D. 两者没有类比性

7. 下列哪项不属于实现职业目标中管理行动过程的实践步骤？(　　)

A. 展开职业探索　　B. 学会制订可行性高的行动计划

C. 了解自己的资源与限制　　D. 自我激励与自我管理

8. 下列哪一项不是大学生职业生涯规划的核心内容？(　　)

A. 知己　　B. 环境　　C. 知彼　　D. 决策

9. 下列有关实现职业目标的描述错误的是(　　)。

A. 你不一定非得聚焦到某一个特定的职业上，你可以更青睐于某类职业、某个行业或某个领域，范围可以比某个具体职业宽泛

B. 能帮助你实践生涯主题的职业并不是某一个，而是某一类或某一个范围

C. 你在毕业后最终选择了哪个职业，与你毕业时遇到的就业机会有很大关系

D. 确立职业目标就是实现职业目标

10. 下列有关职业目标确立的论述错误的是(　　)。

A. 对于很多人来说，从事什么职业都是命中注定

B. 职业目标的确立没有固定的起始点，你有可能在学业探索、职业探索、自我探索中的任何一个点突然感受到一种强烈的吸引，以它为核心开启了整合探索的过程

C. 职业目标确立的过程也没有固定的终点，它不是一劳永逸的，职业世界在变化，你自己的兴趣、能力、性格也在发展，你目前确立的职业目标很可能会需要调整

D. 根据漏斗模型理论，一旦中间环节出现变化，就需要重回漏斗，重新经历探索和确立职业目标

11. 一项关于职业发展的研究发现，70%的个体的职业决策往往受到(　　)的影响。

A. 必然事件　　B. 偶然事件　　C. 突发事件　　D. 关键事件

12. 以性别、年龄、社会地位等印象来选择职业目标，如女性较适合从事服务业，这种生涯规划方法，我们称之为(　　)。

A. 自然发生法　　B. 目前趋势法

C. 刻板印象法　　D. 橱窗游走法

13. 职业生涯规划和发展的长期目标主要是指(　　)的时间段。

A. 十年左右　　B. 两年以上十年以下

C. 一年以上两年以下　　D. 一年以内

14. 职业生涯规划按照覆盖的时间期限可以划分为(　　)。

①短期规划　②中期规划　③中长期规划　④长期规划

A. ①②③　　B. ②③④　　C. ①③④　　D. ①②④

15. 大学生职业生涯规划的中期目标覆盖的时间段大约是(　　)。

A. 三年以内　　B. 三至五年　　C. 五到十年　　D. 十年以上

16. 职业生涯按照发展路径的种类可以划分为(　　)。
①技术路径　②管理路径　③创业路径　④职务路径
A. ①②③　B. ②③④　C. ①②④　D. ①③④

17. 撰写职业文书，最重要的是(　　)。
A. 文笔　B. 文档操作
C. 排版　D. 敬业、认真与细心

18. 在职业决策游戏中，字母记忆游戏主要展现(　　)。
A. 决策的重要性　B. 记忆的重要性
C. 语言的重要性　D. 游戏的重要性

19. “职业决策”概念最早由英国经济学家(　　)提出。
A. 凯恩　B. 凯恩斯　C. 亚当·斯密　D. 达尔文

20. 下面关于职业决策的描述不准确的是(　　)。
A. 职业选项非常多
B. 每一个选项都需要深入了解内容庞杂有大量的信息
C. 他人会对职业选择产生重大影响
D. 正确的职业决策一定能带来成功的人生

21. CASVE 循环中 C 代表沟通（Communication），意为(　　)。
A. 交流沟通　B. 认识到现状和理想的差距
C. 交谈　D. 解决理想和现实的差距

22. 决策金字塔表明决策是循序渐进的过程，一共有(　　)层次。
A. 一个　B. 两个　C. 三个　D. 四个

23. 生涯决策金字塔的构成要素中不包括(　　)。
A. 元认知　B. CASVE 循环
C. 自我知识　D. 他人知识

24. 生涯幻游冥想练习可以帮助我们(　　)。
A. 找到自己的职业发展目标　B. 准确描述出理想的生活状态
C. 看清自己的潜在职业需求　D. 以上都对

25. 决策平衡单方法可以帮助大家做好职业选择，而立场分析可以(　　)。
A. 帮助大家做好选择的职业　B. 帮助大家做出是与否的判断

C. 帮助大家更深入的了解职业　　D. 帮助大家完成生涯平衡评估

26. 卡茨（Katz，1966）在古典决策理论基础上提出(　　)理论。

A. 职业决策　　B. 生涯决策　　C. 现代决策　　D. 经典决策

27. 生涯平衡单的最后分数应该是(　　)。

A. 平均数　　B. 加权求和

C. 加权平均数　　D. 简单求和

28. CASVE 循环中的 E 指的是(　　)。

A. encourage 鼓励　　B. exception 执行

C. explain 解释　　D. expand 扩展

29. 职业生涯平衡涉及因素不包括(　　)。

A. 职业　　B. 感情　　C. 价值取向　　D. 性别

30. 下面哪个不属于制定目标的 SMART 原则？(　　)

A. 明确的　　B. 可达到的　　C. 能量衡量的　　D. 周全的

31. 生涯规划从“找到一个工作”范畴考虑与从“人生幸福与发展”范畴考虑是非常不同的，下列描述正确的是(　　)。

A. 前者更倾向于症状解　　B. 想太远可能更让人痛苦

C. 幸福是不可规划的　　D. 行动才是生涯发展的关键

32. 职业生涯发展中最重要的动力来源是(　　)。

A. 满足个人的生涯认同　　B. 从事积极正向的事业

C. 足够的物质激励　　D. 良好工作团队

33. 生涯适应力表现为面对工作要求呈现出来的有效应对力，所以(　　)。

A. 生涯适应力可以预测工作业绩　　B. 生涯适应力越高灵活性越强

C. 这是生涯规划的关键指标　　D. 面试中可以适当包装

34. 通过盖蒂（Gati）的职业决策模型可知，信息在职业决策中有着重要地位，决策过程中的阻力消除，决策过程就会顺畅，因而(　　)。

A. 决策阻力就是信息不对称　　B. 任何人很难做到决策万无一失

C. 这些只是部分影响因素　　D. 决策还有复杂的关联要素

35. 以下描述正确的是(　　)。

A. 可以用 Gati 模型定位个人职业决策短板，从而有针对性干预
B. 在 Gati 模型中，各个因素的重要性不同
C. Gati 模型是西方背景，存在本土化问题
D. Gati 模型只关注了信息，缺乏情感因素关注

36. 如何定位职业生涯目标？(　　)
A. 充分发挥自己的直觉感受来定位
B. 借助专业的测评工具来定位
C. 先突破限制进行增加，再聚焦明确
D. 依靠专家的经验来定位

37. 职业决策的目的是(　　)。
A. 聚焦资源，力出一孔　　B. 找到回报率最高的目标
C. 避免未来可能的损失　　D. 让当前做的事情有一个原则

38. 生涯决策需要用阶层组织型的决策行为，因为(　　)。
A. 这样才能做出一个未来不后悔的决策
B. 生涯决策对未来有比较大的影响，当前决策决定以后的目标
C. 这种决策模型是最好的
D. 这种决策会让价值最大化

39. 谨慎性决策风格适用于(　　)。
A. 在做生涯决策的时候
B. 决定是否与人继续交往的时候
C. 资源有限的时候
D. 不重要、非原则性的事情

40. 获取到足以做出决策的职业信息的方式是(　　)。
A. 对这个职业典型情境有体验　　B. 听众多专家的解读
C. 只要权威认可就行　　D. 与自己的专业吻合就行

二、多项选择题

1. 职业决策是一个复杂的认知过程，决策风格是在后天的学习经验中逐渐形成的，常见的决策风格有(　　)。
A. 直觉型　　B. 理智型　　C. 依赖型　　D. 犹豫型

2. 制定合理高效的职业决策，需要结合自己的核心要素来具体分析和判断，这些核心要素包括(　　)。

A. 性格　　B. 特长　　C. 兴趣　　D. 父母的期望

3. 对于如何做好职业生涯决策，大学生应注意(　　)。

A. 克服从众心理从实际出发　　B. 决策勿求十全十美

C. 多向师长和家人请教　　D. 决策时要有自信心

4. 对于生涯目标的设定，应该(　　)。

A. 自己认定并愿意负责　　B. 要有充分的实现基础

C. 在实践中逐步调整完善　　D. 要符合社会主流价值观

5. 大学生职业生涯决策必须坚守的底线是(　　)。

A. 不要危害社会　　B. 不要危害他人

C. 不要危害自己　　D. 以上都不对

6. 下列描述属于直觉型决策型风格的是(　　)。

A. 以依赖直觉和感觉为特征

B. 以自我判断为导向，在信息有限时能够快速做出决策

C. 比较关注内心的感受

D. 以个人直觉而不是理性分析为基础

7. 关于人的行为风格，下列描述正确的是(　　)。

A. 首先表现为具体的行为特点

B. 行为风格的形成与生活和工作经历有关

C. 行为风格呈现出一定的稳定性

D. 行为风格没有稳定性

8. 下列描述属于回避型决策型风格的是(　　)。

A. 以试图回避做出决策为特征

B. 回避型的决策风格是一种拖延、不果断的方式

C. 面对决策问题会产生焦虑的决策者，往往因为害怕做出错误决策而采取这样的反应

D. 这样的决策者更容易受到学校等支持系统的忽略

9. 下列描述属于依赖型决策型风格的是(　　)。

A. 以寻求他人的指导和建议为特征

B. 依赖型的决策者往往不能够承担自己做决策的责任

C. 可能因为简单地模仿他人的行为导致负面的反应

D. 可能因为允许他人参与决策并共同分享决策成果，会受到他人的正面评价

10. 生涯发展是一个螺旋上升的过程，因为(　　)。

A. 环境条件随着时间推移会变化

B. 人总是在竞争中发展

C. 人的能力有限，有时需要等待时机

D. 人与环境互动有相互改造性

11. 有关“决策平衡单”的论述正确的有(　　)。

A. “决策平衡单”经常用于问题解决模式和职业咨询中，协助咨询者系统地分析每一个可能的选项

B. 平衡单中最多只能列出三个职业选项

C. 对问题进行非个人因素的逻辑分析衡量，判断分别执行各选项的利弊得失，然后依据其在利弊得失上的加权计分排定各个选项的优先顺序，以执行最优先或偏好的选项

D. 平衡单的设计目的是做出最好的生涯决策

12. 有关“决策平衡单”实际操作步骤的论述正确的是(　　)。

A. 咨询者首先需在平衡单中列出三至五个有待深入评量的潜在职业选项

B. 判断各个职业选项的利弊得失

C. 各项考虑因素的加权计分

D. 排定各个职业选项的优先顺序

13. 决策平衡单中提供咨询者思考的重要得失，主要包括(　　)。

A. 自我物质方面的得失　　B. 他人物质方面的得失

C. 个人精神方面的得失　　D. 他人精神方面的得失

14. 决策平衡单中自我物质方面的得失包括(　　)。

A. 收入　　B. 工作环境

C. 职业晋升机会　　D. 工作难易程度

15. 决策平衡单中他人物质方面的得失包括(　　)。

A. 家庭经济　　B. 与家人相处的时间

C. 家庭地位　　D. 家庭人脉资源的维持

16. 决策平衡单中自我精神方面的得失包括(　　)。

A. 自我实现的程度　　B. 成就感的大小

C. 兴趣的满足　　D. 社会声望

17. 决策平衡单中他人精神方面的得失包括(　　)。

A. 父母　　B. 子女　　C. 配偶　　D. 师长

18. 在进行职位选择等重大决策时，为了减少风险，尽可能充分地考虑到决策所涉及的多方面因素，我们往往使用 CASVE 循环这一计划型决策技术。CASVE 循环包括(　　)。

A. 沟通　　B. 分析　　C. 综合　　D. 评估和执行

19. 在素质冰山模型理论中，“冰山水面以上部分”包括(　　)。

A. 基本知识　　B. 基本技能　　C. 社会角色　　D. 自我形象

20. 在素质冰山模型理论中，“冰山水面以下部分”包括(　　)。

A. 基本技能　　B. 社会角色　　C. 自我形象　　D. 特质和动机

21. 在素质冰山模型理论中，人的素质层面包括(　　)。

A. 知识和技能　　B. 社会角色和自我认知

C. 品质和动机　　D. 价值观

22. 决策金字塔中的自我知识主要包括(　　)。

A. 兴趣　　B. 能力　　C. 价值观　　D. 性格

23. 职业冲浪指可以通过(　　)发现职业目标。

A. 学校就业信息网　　B. 实习

C. 招聘网站　　D. 见习

24. 下面哪些属于精神方面的得失？(　　)

A. 收入　　B. 关系　　C. 地位　　D. 福利

25. “差之毫厘，谬以千里”，说明决策和选择有时间放大效应，因而生涯选择需要(　　)。

A. 非常慎重地执行

B. 与时俱进不断改变

C. 最好进行长远考虑

D. 要随机应变根据情况不停调整

26. 生涯发展的过程就是发现、选择、坚持自己的生涯认同过程，所以（　　）。

A. 只要条件具备，生涯满意感就强

B. 生涯认同是生涯规划的核心主题

C. 体验、反思有助于生涯认同建立

D. 生涯不是把自己塑造成工具

27. 可以通过哪些角度来拓展和构建自己的职业目标选择项？（　　）

A. 用好奇心拓展　　B. 通过专业所学拓展

C. 根据科技趋势拓展　　D. 用地域趋势来拓展

28. 以色列心理学家盖蒂（Gati）针对生涯决策从哪两个阶段进行了分析？（　　）

A. 决策过程开始之前　　B. 决策的内在影响因素

C. 决策的执行部分　　D. 决策过程中

29. 决策就是一个信息综合的过程，出问题就表现为(　　)。

A. 缺乏准备　　B. 缺乏资源　　C. 缺乏信息　　D. 信息不一致

30. 如果一个人对于生涯发展并没有任何动机，那也无所谓决策，因此（　　）。

A. 正向积极的动机是生涯发展关键

B. 有了动机才有决策的主动性

C. 动机表现为内在动力

D. 有动机才会产生好奇

31. 决策过程中获取的信息类别有(　　)。

A. 决策过程知识　　B. 自我知识

C. 职业知识　　D. 信息获取方式知识

32. 进行职业目标选项拓展可用的角度有(　　)。

A. 中国有多少种职业　　B. 与个人专业相关的职业

C. 自己可能感兴趣的职业　　D. 与社会发展趋势吻合的职业

33. 职业生涯决策就是一个先多后少的过程，即(　　)。

A. 一个人其实适合许多种工作　　B. 先要有更多一些选择范围

C. 根据自己特征做出聚焦　　D. 过早进行职业决策得不偿失

34. 具有目标弹性特点的人，往往会有什么样的行为？(　　)

A. 清楚自己想要什么　　B. 随时可能被别人影响

C. 持久性、坚韧性不足　　D. 跟着感觉走

35. 果决型决策风格的优势在于(　　)。

A. 给人可靠的感觉　　B. 行动快速

C. 坚定不移目标明确　　D. 前后一致

36. 果决型决策风格的劣势在于(　　)。

A. 行为的一致性不够　　B. 缺乏条理性行动慢

C. 计划不够周详　　D. 有些僵化

37. 如果把阶层组织型风格用在求职过程，以下符合的是(　　)。

A. 把目标企业进行分类研究

B. 系统分析自己所要做出的目标选择

C. 广泛搜集目标单位的信息

D. 尽其所能搜集与单位相关的内部线索

38. 如果做任何事情都用阶层组织型决策风格，会有什么弊端？(　　)

A. 让人感觉目标性过强　　B. 过分追求完美

C. 不够随和　　D. 让人感觉非常职业化

39. 了解一个职业达到可以做决策的目标，需要(　　)。

A. 对目标职业产生体验感　　B. 清晰了解职业发展路径

C. 了解职业的投入与回报　　D. 了解这个职业招聘人数

40. 如果使用平衡单之后，还是无法决策，就需要(　　)。

A. 随机选择　　B. 考虑更多因素

C. 说明有犹豫型特质　　D. 再做更多自我探索

41. 为了更有针对性地进行专业实践，需要(　　)。

A. 通过生涯人物访谈了解专业应用角度

B. 明确相关的岗位背景要求

C. 主动实践、体验来提高自己

D. 开拓自己的生活视野

42. 在坚持一件事的时候，至少要一段时间不给自己找不坚持的理由，因为(　　)。

A. 通过强制来使目标成为行动坐标

B. 因为人难得有一个渴望的目标

C. 只要目标侵蚀开始了，目标就不可能实现了

D. 这样才能使正确的事情坚持下来

43. 站在更大的视野就能看到自己的生涯阶段目标，从而可以避免(　　)。

A. 获得更大的成功　　B. 简化思维

C. 目标侵蚀　　D. 争取到更多人的支持

44. 当站在大的视野，对自己的生涯目标有足够的认定的时候，生涯行动就会(　　)。

A. 许多时候难度太大无法实现　　B. 实践起来更有底气

C. 更会沿着自己的期望发展　　D. 完全按照计划执行

45. 假如用“5W2H”来描述你的职业生涯，那么“5W”和“2H”的内涵是什么？(　　)

A. “5W”就是生涯目标愿景描述

B. “2H”就是实现目标方式描述

C. “5W”就是自己成功标准的描述

D. “2H”就是自己可以拥有的价值描述

46. 如果把职业生涯规划比喻为“运筹帷幄”与“决胜千里”，那么“决胜千里”是指(　　)。

A. 获得人生更好的前途　　B. 成功求职的过程

C. 做出合于目标的职场成绩过程　　D. 找到想要的工作

三、判断题

1. 理智型的决策风格强调周全的探求和对选择的逻辑性评估。　(　　)

2. 群体集化效应是指在群体中进行决策时，群体中的人们往往会比个人决策时更倾向于冒险或保守，向某一个极端倾斜，从而背离最佳决策的现象。(　　)

3. 职业决策就是让你找到职业目标的过程。　(　　)

4. 有些梦想会让人不断地前行，而有些不切实际的梦想会让人止步不前。(　　)

5. 决策意味着机会，也意味着风险。 ( )

6. 选项多少对决策没有影响。 ( )

7. 选项越多，人的选择越困难。 ( )

8. 认知复杂性指一个人在做判断时不同考虑层面的相对数目。 ( )

9. 在做选择的过程中，最优型的人追求最优解，满意型的人则依照满意则止的原则做出选择。 ( )

10. 在最优化决策量表中，分数越低，越倾向于满意型决策风格；分数越高，越倾向于最优化型决策风格。 ( )

11. 沟通在 CASVE 循环中指认识到现状和理想状况的差距，并引发相应的情绪。 ( )

12. CASVE 循环的 A 指的是 Analysis 分析。 ( )

13. CASVE 循环的 S 指的是 Synthesis 综合。 ( )

14. CASVE 循环中，分析（Analysis）需要澄清自我知识以及职业知识。 ( )

15. CASVE 循环中，综合（Synthesis）部分一方面要避免遗漏其他选择，另一方面也不要被各种选择淹没。 ( )

16. 决策金字塔的底层由自我知识和职业知识构成。 ( )

17. 在整个职业选择梭形模型里面，为了保证职业决策的质量，中间部分的数量是非常关键的，中间部分的数量越少越好。 ( )

18. 我们可以从多个角度出发来产生大量的职业选项，比如说曾经的梦想是什么，另外可以从兴趣爱好出发，也可以进行一些头脑风暴，还可以由能力出发等。 ( )

19. 所谓情景整合，就是参加企业的一系列的活动，以了解企业中的各种职业，形成职业的备选项。 ( )

20. 在决策平衡单里，我们从四个方面来考虑：个人的物质、他人的物质、个人的精神、他人的精神。 ( )

21. 立场分析只需要考虑支持目标的因素，而不需要考虑反对目标的因素。 ( )

22. 生涯发展中如果缺少执行的话，最终只是纸上谈兵。（ ）

23. 在“蚯蚓的梦想”职业目标分析案例中，主人公的梦想开始很大，最后越来越小，其中关键的因素就是他没有制定详细的目标实现的一些流程。（ ）

24. 在职业发展的过程中只要你有了梦想，其他的都不重要。（ ）

25. 职业生涯决策的成功与否就是看大家最后在职场上有没有获得成功。（ ）

26. 制定目标时，当事人的目标有时和其他人不同，这时应以当事人想法为主。（ ）

27. 生涯拓展可以从知识与技能展开，比如可以从大学学到的不同知识来定位自己未来的适合职业。（ ）

28. 通过趋势来拓展职业目标选择的空间，其中科技趋势是最重要的方面。（ ）

29. 每年几百万大学毕业生大多数进入民企工作，因此关注中国优秀民企的区域优势，是一个重要的求职定位策略。（ ）

30. 以发展型思维，时刻都选择合于趋势的发展决策，久而久之，人的生涯胜出的概率会更高。（ ）

31. 任何情况下遇到决策问题，都要使用决策平衡单。（ ）

32. 决策平衡单可以快速完成多项选择的目标决策。（ ）

33. 生涯决策平衡单通过量化的方式评估各个选项的利弊并确认优先顺序。（ ）

34. 决策平衡单中的“权重”用来反映一类要素每一项的重要性。（ ）

35. 延迟满足的实现，就需要人对自己更大生涯框架里的目标进行认同。（ ）

36. 面对生涯发展的问题，退一步看到更大的时间与空间，就可以有效避免思维局限。（ ）

37. 把大目标分解为小目标，成为目标里程碑体系，会利于成长性思维。（　　）

38. 在职场中，当一个人总能看到自己所做工作最终的目标，其发展会更好。（　　）

39. 在职场中，人与人的区别就在于是否有清晰的目标以及持久的行动力。（　　）

40. 生涯发展的关键之处就在于在一定生涯时空里的目标承诺或目标认同。（　　）

41. 生涯规划不是一个静态的计划过程，而是一个动态成长的过程。（　　）

第七章
从学生到职业人的过渡

【教学目标】　引导学生了解学校和职场、学生和职业人的差别，建立对工作环境客观合理的期待，做好进入职业角色的心理准备，实现从学生到职业人的转变。

【教学内容】

1. 学校和职场的差别；学生和职业人的差别。
2. 初入职场可能会面临的问题以及解决方式。

【教学方法】　课堂讲授、经验分享。

一、单项选择题

1. 当你过关斩将，闯过求职的种种隘口，迎来的是让你热血沸腾的心仪的工作岗位，初入职场的你，面对与校园生活完全不同的环境与角色定位，有很多东西需要学习与适应，既然环境无法改变，那么首先需要调整的便是自己，这不包括(　　)。

A. 以积极态度适应变化　　B. 应有正确的心理定位

C. 专业的工作态度　　D. 一定要和上司搞好关系的想法

2. 在走上工作岗位之前，角色转变内容不包括(　　)。

A. 老板就是老师

B. 公司就是学校

C. 职场就是战场

D. 不管遇到的困难是什么，不要焦虑，直接找老师和家长

3. 进入职场，影响职业成功的关键是(　　)。

A. 勤奋工作，追求理想
B. 人脉关系
C. 不计报酬加班加点
D. 不择手段完成上司交代的工作任务

4. 职场素质培养确立的前提是(　　)。
A. 职业生涯规划　　B. 职业资格获取
C. 职业意识培养　　D. 职业沟通技巧

5. 以下关于上进心的说法，不正确的是(　　)。
A. 上进心、进取心强烈的人，更容易获得事业的成功
B. 上进心强烈，表现在努力把现有工作做好
C. 上进心是所有人天生都具有的，无须培养和激励
D. 上进心不强的人，一般都会安于现状，不太愿意进取

6. 用榜样的事迹或明智的观念来激励自己，同各种不良情绪进行斗争，坚信未来是美好的，这属于何种心理调适法？(　　)
A. 合理情绪疗法　　B. 自我激励法
C. 自我安慰法　　D. 适度宣泄法

7. 在大学期间，我们生涯发展的核心任务就是(　　)。
A. 不断提升自己的各种能力　　B. 掌握专业技术知识
C. 提高自己的思想道德修养　　D. 参加社团活动广泛交友

8. 在大学生活中，同学们休闲者角色的主要载体往往是(　　)。
A. 阅览图书　　B. 课堂学习　　C. 社团生活　　D. 社会实践

9. 职业中介实行行政许可制度。设立职业中介机构或其他机构开展职业中介活动，须经(　　)批准，并获得职业中介许可证。
A. 工商行政管理部门　　B. 人力资源和社会保障行政部门
C. 教育部　　D. 科学技术部

10. 毕业生根据自己的工资决定自己投入的工作量，据此可以看出(　　)。
A. 这是一种契约精神　　B. 说明对工作没有太多的热爱
C. 说明之前没有谈到合同条款　　D. 这是典型的“战略区隔”症状

11. 倾听的作用不包括(　　)。

A. 获取重要信息　　　　　　　　B. 激发对方谈话欲
C. 表达自身情感　　　　　　　　D. 获得友谊和信任

12. (　　)要求倾听者暂时放弃自己主观的参考标准，以对方的思考角度看事物。

A. 同理心　　　B. 同情心　　　C. 交流沟通　　　D. 商务会谈

13. 招聘中，“学历”只是一个敲门砖，应聘成败关键还是应聘者创造价值的能力，所以(　　)。

A. 选择上一个好大学，就拥有了获得好工作的机会
B. 大学期间应该以知识、技能、品质的磨炼与提升为核心
C. 大学期间应该广泛接触企业，建立求职资源
D. 提升自己的学历是获得更大就业机会的保障

14. 求职的过程中，职业礼仪(　　)。

A. 没有什么大的作用　　　　　　B. 纯粹是包装而来的
C. 可以呈现良好的整体印象　　　D. 可能会给人带来误导

15. 关于第一印象的描述正确的是(　　)。

A. 第一印象一般都不太准确
B. 第一印象基本是不能改变的
C. 容貌很容易影响人的判断
D. 人们接触时间有限，往往凭第一印象

16. 求职中与面试官见面，礼节性的交流需要注意(　　)。

A. 要彬彬有礼，仪态大方，坦诚相对
B. 最好和同学一起去，这样更有底气一些
C. 开宗名义，表达自己的目标，陈述相关素材
D. 要努力套近乎，争取得到面试官好感

17. 在职场交往中，“我们看到他人的正向特质、正向意愿、正向行动，并愿意将自己观察到的事实表达出来”，是指(　　)。

A. 夸奖　　　B. 直接赞美　　　C. 认同　　　D. 同化

18. 很多大学毕业生在走入职场时会有心理落差，感觉“受骗”的原因是(　　)。

A. 企业往往过度宣传　　　　　　B. 个人的期望值太高

C. 入职前没有充分了解和沟通　　D. 环境是动态的

19. 进入职场，会尽快适应岗位需求，从解决问题的角度来审视“秘书招集开会”这个事，最好的状态是什么？(　　)

A. 发通知　　B. 抓落实　　C. 做记录　　D. 做流程

20. 从问题解决角度理解“不想当将军的士兵不是好士兵”，是指(　　)。

A. 要有更高职位的目标人才有动力

B. 用将军的思维审视，用士兵的执行去落实

C. 只有做好士兵才有可能当好将军

D. 士兵与将军是一个连续体

21. 问题分解的“5WHY”的内在涵义是指什么？(　　)

A. 以五为单位来思考问题　　B. 找五个人来解决

C. 连续五次询问为什么　　D. 从五个角度来探索和分析问题

22. 解决问题之前，更关键的是描述问题，描述问题最好的方式是？(　　)

A. 5W2H　　B. 5WHY

C. 按时间线索　　D. 按逻辑流程

23. 理解、描述问题的层面不同，解决方案会有很大差别，那么(　　)。

A. 想得太多往往让人缺乏行动力

B. 在越大范围内思考问题，可能解决得越彻底

C. 一屋不扫何以扫天下

D. 问题考虑越具体越好

24. 拆解问题的目标是什么？(　　)

A. 让问题关键点突出

B. 让问题从描述变成待做事项

C. 把问题化小

D. 所有问题都要拆解

25. 相较于未来职场，大学起到的作用是什么？(　　)

A. 认识更多的人

B. 为职场发展奠定个人能力、知识基础

C. 学到了许多知识点

D. 掌握了解决职场的能力

二、多项选择题

1. 部分用人单位不太愿意招聘应届毕业生的顾虑主要是应届毕业生(　　)。

A. 仍然抱有一些不切实际的期望和幻想

B. 就业心态浮躁，喜欢相互攀比

C. 眼高手低，大事做不了，小事不愿意做

D. 喜欢频繁跳槽

2. 有关角色转换的描述正确的是(　　)。

A. 进入职场，首先要转变索取的心态，更多做好奉献的准备

B. 树立“不要可以随便犯错”的理念

C. 进行一定的心理暗示

D. 完成上岗培训

3. 大学生和职业人的区别主要表现在(　　)。

A. 承担的责任不同　　B. 面对的环境不同

C. 面对的人际关系更复杂　　D. 几乎没有区别

4. 能帮助我们成功地从学生到职业人的角色转变途径有(　　)。

A. 增强独立生活自理能力　　B. 树立良好心态

C. 增强抗挫折能力　　D. 增强角色意识

5. 下列关于良好心态和心理承受力的描述正确的是(　　)。

A. 心态是指一个人的心理状态的综合

B. 心态有积极和消极之分

C. 良好的心态可以增强我们面对挫折和打击的承受力

D. 良好的心态是一个职场人成功的必要条件

6. 如何建立良好的职场人际关系？(　　)

A. 言而有信

B. 注重仪表

C. 踏实努力

D. 幼吾幼以及人之幼，老吾老以及人之老

7. 初入职场的大学毕业生需要注意(　　)。

A. 主动了解所在单位的文化氛围

B. 从小事做起，注重细节

C. 适时表现自己

D. 正确对待批评

8. 把握从学生到职场成功过渡的关键(　　)。

A. 艰难困苦，玉汝于成

B. 能够了解自己的激励点和兴奋点在哪儿，了解哪些事情能使你感到兴奋和有成就感

C. 和上司搞好关系

D. 做情绪的主人，学会控制情绪和正确表达

9. 成功职场人应该具有的良好心态包括(　　)。

A. 我在为自己工作　　B. 不做有损公司声誉的事情

C. 主动找事做　　D. 每天多做一点点

10. 心理调适与求职关系描述正确的是(　　)。

A. 求职过程中的心理调适，主要是指求职者自我心理调适，即根据自身发展及环境的需要对自己的心理进行控制调节，从而最大限度地发挥个人的潜力，消除心理困扰

B. 大学生在求职过程中，不可避免地会引发各种心理问题，既不利于个人身心健康也不利于求职就业

C. 心理调适的作用就在于帮助求职者在遇到挫折和冲突时，能够客观地分析自我与现实，有效地排除心理困扰，控制和调节自己的情绪，从而保持一种稳定而积极的心态，维护自己的身心健康，达到如愿择业的目的

D. 两者没关系

11. 初入职场的大学生，以下行为，违背“‘潜’字为先”原则的是(　　)。

A. 入职后，无论领导布置何工作，都极力表现

B. 入职后，潜心学习，尽快提升职业技能

C. 发现一同入职的同事能力比自己强，在各种场合，都与对方争风头

D. 入职后，尊重领导与同事

12. 在职场中，以下属于经验作用的是(　　)。

A. 缩短适应工作的时间　　B. 提高工作熟练程度

C. 更好地处理工作中的突发状况　　D. 一旦具备就终身拥有

13. 在专业能力提升的积累和反复练习阶段应该要注意(　　)。

A. 在“学习区”练习　　B. 大量重复训练

C. 持续获得有效的反馈　　D. 精神高度集中

14. 子曰：“君子不重则不威，学则不固。”这是指(　　)。

A. “不重”，就是不庄重、随便。一个人要稳重、有定力，他才有智慧

B. “重”，主要指重言语，重行为，重自己的容貌、威仪

C. 毕业生在面试的时候一定要穿着得体，仪容整洁，得体的仪表会有益面试的成功，会给面试官以亲切和向上的感觉

D. 面试是正式场合，着装和仪态要得体、稳重

15. 解决问题时，简化的解决会导致上瘾，那是因为(　　)。

A. 简化的方案往往容易成瘾

B. 简化的方法比较简单容易使用

C. 简化的方式往往对症状影响迅速

D. 解决方法成为问题的一部分

16. 当今社会通行一个“忙”字，但是更多的人并没有思考忙的目标，因为(　　)。

A. 大家都关注了眼前结果而没关注到长远目标

B. 越忙，人会越忽略长远目标

C. 越忙，人会把重要的事拖延成紧急的事而更忙

D. 工作压力大，所以只好把焦点放在“做完”事情上

17. 倾听的层次包括(　　)。

A. 同理性倾听　　B. 喜好性倾听

C. 单一性倾听　　D. 选择性倾听

18. 建立良好人际交往的方式包括(　　)。

A. 自我塑造　　B. 遵守人际交流的准则

C. 对他人要求百依百顺　　D. 坚持自己的看法

19. 第一印象有时候是不准确的，但它的好处是(　　)。

A. 以貌取人　　B. 经验多了就准确了

C. 评价成本低　　D. 启动直觉判断

20. 第一次见面时礼节性握手，都有哪些注意事项？（　　）

A. 与对方的手虎口相对　　B. 双手握对方单手

C. 力度适当，握手时与对方平视　　D. 上下三下，不宜次数过多

21. 求职时呈现自己的优点时最好要（　　）。

A. 多多益善

B. 有素材与证据

C. 要与求职目标关联

D. 呈现优点要有节奏感，不能一次全部说完

22. 下列哪几项更有助于解决问题？（　　）

A. 关注问题产生的原因　　B. 关注生活

C. 关注情感　　D. 关注解决问题的步骤

23. 大学生也有许多其他角色，比如子女、班干部、公民等，为此需要（　　）。

A. 只要抓住学生角色就行

B. 主动在这些角色上锻炼自己

C. 明确地规划在各个角色上的目标

D. 通过多种角色提升自己的社会适应能力和角色转换水平

24. 如何从生涯角度来审视作为子女的角色？（　　）

A. 要主动在这个角色上磨炼自己

B. 需要主动扮演好这个角色

C. 大学的核心任务是学习

D. 要与父母建立良好的关系

25. 大学期间建立良好的同学关系是非常重要的，因为（　　）。

A. 良好的同学关系让人更能聚焦生涯重要主题

B. 同学是未来的资源

C. 通过与同学互动磨炼自己

D. 协同与支持让自己拥有更好的成长氛围

26. 离开大学进入职场之后，更多的时候就是通过实践创造价值，因此（　　）。

A. 需要在大学做充分的专业知识积累

B. 大学期间实践一点都不重要

C. 职场较难有系统学习知识的机会，要在大学期间丰富完善自己

D. 大学期间不必考虑价值创造的事

27. “把工作做完了”与“把工作做好了”的区别在于(　　)。

A. 前者的层次比较低，主动性较弱

B. 前者是站在“客户”立场的思考

C. 后者具有认真负责的工作态度，工作进取心强

D. 要看这个工作是否有价值

28. 对于没有反馈的练习，其结果是(　　)。

A. 会熟能生巧　　B. 你将很难获得快速进步

C. 无法了解自己存在的问题　　D. 你很难确定前进的方向

29. 求职的时候，工作经验非常重要。工作经验可以说明(　　)。

A. 拥有相关的经历　　B. 通过经验证明个人的素养

C. 一定的胜任性　　D. 工作经验说明做过生涯探索

30. 名校出身的“成功人士”越来越多，那是因为(　　)。

A. 他们拥有一个成长性的氛围　　B. 因为名校招生分数高

C. 在共同成长中挖掘了个人潜质　　D. 企业招人有名校情结

31. 职场的“忙盲茫”意味着(　　)。

A. 用经历在填补经验　　B. 这是一种攒“苦劳”的方式

C. 通过做事让自己避免空虚　　D. 这就是缺乏规划的表现

32. 优秀员工在解决问题，普通员工在做事情。那么“解决问题”与“做事”的区别是(　　)。

A. 解决问题更难一些　　B. 解决问题以目标为导向

C. 做事以过程为原则　　D. 做事更重要

33. 鱼骨分析是一种方便的拆解问题的方法，其核心是(　　)。

A. 对原因类别的划分　　B. 精细到每一部分的影响要素

C. 对目标的定义　　D. 形成目标推进

34. 职场与学校的区别是(　　)。

A. 要解决的问题很少有标准答案　　B. 工作任务往往比较模糊

C. 作为员工不可以无故旷工　　D. 更有生活的规律性

35. 从学校到职场，最关键的是角色的转换，角色转换表现为(　　)。

A. 从学生转为职业人　　B. 从接受鼓励到共同讨论
C. 从知识导向到结果或利益导向　　D. 从随时任务到严格的时间界限

36. 在学校，学生是主体接受学校服务，行事简单直接。而职场是(　　)。

A. 一个冷酷无情的地方　　B. 员工是客体，为职场服务
C. 要按规则做事，以结果为导向　　D. 是利益导向的合作关系

37. 学校所学的知识与职场需求知识的差别在于(　　)。

A. 前者抽象，后者具体
B. 前者纯粹，后者复杂
C. 前者容易控制，后者比较弹性和模糊
D. 学校知识要转化为职场能力需要充分实践

38. 在学校里学生与学校是被服务与服务关系，而职场则是契约关系，所以(　　)。

A. 岗位胜任是职场被接纳的关键
B. 要通过自己创造的价值来衡量自己的价值
C. 学历将不再是衡量价值的关键
D. 可以根据收入计算自己的付出

39. 职场成长的内涵是(　　)。

A. 与领导建立良好的关系最重要
B. 把理解与具体需求相结合创造价值
C. 积极弥补自己在工作中的短板
D. 具有面对具体问题进行专业化解决的能力

40. 学生角色与职业角色的不同之处包括(　　)。

A. 承担的责任义和务不同
B. 竞争的性质和程度不同
C. 自由和自主的程度不同
D. 要处理的人际关系不同

41. 学生角色与职业角色之间的角色转换阶段包括(　　)。

A. 兴奋阶段　　B. 思考阶段　　C. 协调阶段　　D. 稳定阶段

42. 下列对角色转换的兴奋阶段描述正确的是(　　)。

A. 刚刚进入职场，对职业抱有好奇和幻想心理，常常表现为情绪活跃，好问好动

B. 急于了解工作性质和特点以及公司的人和事

C. 对于职业的认识还不十分明确，对于职业的判断还存在相当的盲目性

D. 不必管它，兴奋感会自动消失

43. 下列对角色转换的思考阶段描述正确的是(　　)。

A. 面对新环境，开始把自己纳入新环境加以思考

B. 对遇到的困难和挫折进行分析，对公司和职业进行价值判断，从而选择自己的方向

C. 开始准备跳槽

D. 角色转换的思考阶段是充满矛盾的阶段

44. 下列对角色转换的协调阶段描述正确的是(　　)。

A. 角色转换的协调主要是公司领导负责统筹的

B. 初入职场的新人需要从心理、思想、情感和行为方式等诸多方面来调整自己，以适应职业生涯的特点和节奏

C. 如果调整无效将直接导致角色转换的失败

D. 协调的质量是完成角色转换的关键步骤

45. 下列对角色转换的稳定阶段描述正确的是(　　)。

A. 稳定阶段是主体完成社会角色转换的一个标志，是基本适应角色需求的表现

B. 意味着主体职业发展很成功

C. 这个阶段主体对自己的工作性质、任务、特点有了明确的认识，能基本满足职业对自己的要求，对自己的工作产生了兴趣

D. 角色转换的稳定阶段意味着主体已经能够根据职业生涯的要求来主动适应环境和改造环境

46. 顺利实现角色转换的重要内容之一就是树立职业心态，从而有效避免校园学生时代的“恋旧心理”的影响，如何实现转变？(　　)

A. 为人处世，从以个人为中心到以团队为中心，充分认识集体合作、团队精神的重要性，将“小我”融入“大我”之中

B. 个人的情感必须服从职业的要求，要树立和单位共荣辱的职业化思维、意识和习惯

C. 在工作中多做多问

D. 多思多想多问少做

47. 下列关于顺利实现角色转变的描述正确的是(　　)。

A. 树立以单位为中心、以职业导向为主的职业心态

B. 尽快熟悉工作环境

C. 不断提高职业技能

D. 树立良好的职业道德

48. 下列属于良好职业道德的是(　　)。

A. 投机取巧　　B. 爱岗敬业　　C. 团结协作　　D. 进取创新

49. 初入职场，很多新人急切表现，反而招致领导和同事的反感，应该如何把握表现度？(　　)

A. 明哲保身，韬光养晦

B. 对自己的才能在初入职场时要谨慎展现，不可张扬

C. 真诚自然，不哗众取宠，不刻意表现

D. 摆正位置，不越位表态、交往、做事

50. 职业挫折感的产生原因主要有(　　)。

A. 从业者的性格和能力与职业要求不相匹配

B. 单位的组织运行机制不健全、薪酬奖惩机制不合理

C. 职场人际关系不佳

D. 自我评价错误

51. 职业挫折感的不良影响主要有(　　)。

A. 可能产生攻击行为　　B. 对人、对事态度冷漠

C. 转而考研　　D. 人际关系下降

52. 下列关于职业挫折的认识正确的有(　　)。

A. 对于挫折要有一定的心理准备

B. 善于变换角度看待挫折

C. 选取合理途径宣泄挫折情绪

D. 暂时离开挫折情境

53. 如何克服职业挫折？(　　)

A. 正确认识挫折　　B. 疏解挫折情绪

C. 改善挫折情境　　D. 顺其自然

54. 阻碍形成良好人际关系的不良心理和个性包括(　　)。

A. 狂妄自大

B. 心胸狭隘，见不得别人比自己好

C. 沉默寡言，难以接近

D. 疑神疑鬼，过度解读别人对自己的一言一行

55. 如何处理好与领导的人际关系？(　　)

A. 工作态度认真负责

B. 尊重领导，维护领导权威和威信

C. 平常心对待来自领导的表扬和批评

D. 主动了解和适应领导的工作作风、工作习惯和爱好

三、判断题

1. 基准性素质可以通过考察资质证书、考试、面谈、简历等具体形式来测量，也可以通过培训、锻炼等办法来提高这些素质。(　　)

2. 基准性素质是容易被测量和观察的，因而也是容易被模仿的；换言之，知识和技能可以通过针对性的培训习得。(　　)

3. 鉴别性素质不容易被观察和测量，也难于改变和评价。(　　)

4. 言语的交际在信息传递中起到绝大部分的作用。(　　)

5. 倾听在职场中具有非常重要的作用，通过倾听我们可以：获取重要的信息、改正自身的弱点、擅听才能擅言、激发对方说话的欲望、发现说服对方的关键、获得友谊和信任。(　　)

6. 所谓选择性倾听，就是听你感兴趣的一些话题，而过滤掉那些你不感兴趣的话题。所谓同理性倾听，指的就是倾听对方说的所有话题。(　　)

7. 提高我们的言语表达能力，我们可以：增加沟通的机会、积累话题、增加幽默感、擅于站在别人的角度。(　　)

8. 大学期间要尽可能到不同地区做职业体验，从而做出更合于地域趋势的个人生涯定位。(　　)

9. 江苏、浙江两地连续多年囊括中国民企500强一半多，所以有可能的话，可以在这两地做一些职业体验，以感受其独特性。（　　）

10. 大学里职业素养的提升，需要根据自己的专业针对性制定目标。（　　）

11. 就像“疑邻盗斧”，我们总是因为信而行动，再证明所信的。（　　）

12. 读大学给人的信心是促人成长的一个关键要素。（　　）

13. 职场是一个以实践为主的领域，所以学校所学的知识到了职场基本都没有用处。（　　）

14. 角色转变和职场适应是职业成功的关键。（　　）

15. 热爱本职工作，用一种恭敬、严肃的态度对待工作，是职业道德规范的基本要求。（　　）

16. 高校出来的人才已经是“合格品”了，用人单位没必要进行“第二次加工”。（　　）

17. “君子才华，玉韫珠藏”说明职场表现要把握好表现的度，否则欲速则不达。（　　）

18. 职业挫折是人们在从事活动和发展方面的需求不能满足、行动受到阻碍、目标未能达到后的失落性情绪状态。（　　）

下　篇
“大学生就业指导”习题集

第八章
大学生就业政策与项目就业

【教学目标】　使学生了解大学生就业的各项国家政策，了解项目就业基本类型和基层项目就业具体类型。

【教学内容】

1. 就业制度政策：概述、发展变化和具体内容。
2. 国家项目就业基本类型和基层项目就业具体内容。

【教学方法】　课堂讲授，完成作业。

一、单项选择题

1. (　　)、农村、中小企业等是大学生就业的“第二战场”。

A. 东部地区　　B. 西部地区　　C. 中部地区　　D. 沿海

2. 参加“三支一扶”计划的大学生人事档案原则上统一转至(　　)。

A. 服务单位所在地　　B. 学生生源地

C. 学生所在学校　　D. 以上均可

3. “三支一扶”计划是从(　　)开始实施，计划服务期限一般为(　　)。

A. 2004 年、1 年　　B. 2005 年、2 年

C. 2006 年、2 ~ 3 年　　D. 2007 年、3 年

4. “优秀大学生西部基层建功计划”于(　　)由团中央首次实施。

A. 2010 年　　B. 2011 年　　C. 2012 年　　D. 2013 年

5. 毕业时暂不就业打算考研，户口和档案可以怎样处理？(　　)

A. 档案没什么用处，可以不管

B. 委托民营中介机构管理

C. 转回生源所在地的人才服务中心

D. 先找个单位挂靠，以后再解约

6. 大学毕业生的就业政策是国家就业政策的重要组成部分，我国现行的大学生就业方针、政策是(　　)。

A. 贯彻统筹安排、合理使用、加强重点、兼顾一般和面向基层，充实生产、科研、教学第一线的方针

B. 坚持“公开、公正、择优、自愿”的原则

C. 实行“市场导向、政府调控、学校推荐、学校和用人单位双向选择”的就业模式

D. 以上都对

7. 大学生村官到村第一年，是中国共产党正式党员的，一般安排担任(　　)。

A. 村委会主任助理　　B. 团组织书记

C. 村党委组织书记助理　　D. 党组织副书记

8. 大学生村官的聘用期限一般为(　　)，大学生村官每人每年接受培训不少于(　　)。

A. 1 年、5 天　　B. 1～2 年、10 天

C. 2～3 年、7 天　　D. 3～4 年、15 天

9. 大学生就业的环境是不断变化的，从政策到经济形势，从用人单位到毕业生自身，每年都有新的变化，大学生要充分利用积极的环境因素实现就业。当前看来，大学生就业的积极因素有(　　)。

A. 国家出台的各种鼓励毕业生就业的新政策，如《关于实施大学生服务西部计划的通知》等

B. 用人单位用人观念的转变，近年来，用人单位更加注重考核人才的能力与素质，逐渐走出“重学历”的误区，且招聘过程更加公平合理

C. 严峻的就业形势已经促使学校改革教学模式、加强实践环节、重视就业指导、拓宽就业渠道

D. 以上都是

10. 到艰苦边远地区和国家扶贫开发工作重点县就业的高校毕业生，可提

前执行转正定级工资，高定(　　)档工资标准。

A. 1　　B. 2　　C. 1 至 2　　D. 2 至 3

11. 到西部县以下基层单位和艰苦边远地区就业的高校毕业生，户口可以(　　)。

A. 留在原籍　　B. 留在西部地区和艰苦边远地区

C. 来去自由　　D. 不能迁移

12. 服务期满、考核称职以上的大学生村官报考人文社科类专业研究生的，初试总分加(　　)。

A. 5 分　　B. 10 分　　C. 15 分　　D. 20 分

13. 高校毕业生就业见习制度是为了帮助(　　)，高校毕业生就业见习期限一般为(　　)。

A. 回到原籍就业的高校毕业生、3 ~ 6 个月

B. 尚未就业的高校毕业生、1 ~ 12 个月

C. 回到原籍尚未就业的高校毕业生、3 ~ 12 个月

D. 普通应届高校毕业生、6 ~ 12 个月

14. 各地拿出政法干警招录培养体制改革试点招录培养计划的(　　)% 左右，用于招录大学生退役士兵，不再实行加分政策。

A. 5　　B. 10　　C. 15　　D. 20

15. 公益性岗位社会保险补贴期限，一般最长不超过(　　)年。

A. 1　　B. 2　　C. 3　　D. 5

16. 公益性岗位是由(　　)开发、以满足社区及居民公共利益为目的的管理和服务岗位。

A. 社区　　B. 街道　　C. 政府　　D. 企业

17. 国家对服义务兵役的本科毕业生每学年补偿学费或代偿国家助学贷款本息的金额，最高不超过(　　)。

A. 7000 元　　B. 8000 元　　C. 5000 元　　D. 6000 元

18. 国家机关考录公务员、事业单位选用工作人员的主要原则是(　　)。

A. 内部推荐　　B. 高校推荐　　C. 逢进必考　　D. 基层选拔

19. 国家中长期人才发展规划纲要，到(　　)全面落实各项任务，确保人才发展战略目标的实现。

A. 2020 年　　B. 2025 年　　C. 2030 年　　D. 2035 年

20. 获得国家助学贷款的高校在校生应征入伍后，国家助学贷款应(　　)。

A. 继续发放　　B. 停止发放

C. 先停止，待退役后再继续发放　　D. 根据家庭情况决定是否发放

21. 国务院《“十四五”就业促进规划》中指出，到 2025 年要实现城镇调查失业率控制在(　　)以内。

A. 5.5%　　B. 0.8%　　C. 6.9%　　D. 7.5%

22. 就业是整个社会大系统的一部分，受到多种因素的影响和制约，其中最关键的是(　　)。

A. 国家经济发展状况　　B. 文化背景

C. 政治制度　　D. 科技进步

23. 考研被录取后，凭(　　)办理户口迁移手续。

A. 研究生录取通知书和就业报到证

B. 研究生录取通知书和三方协议

C. 研究生录取通知书和身份证

D. 研究生录取通知书和入学须知

24. 可以预见，我国未来大量的新职业将会在(　　)产生。

A. 第一产业　　B. 第二产业　　C. “三来一补”　　D. 第三产业

25. 每名大学生村官至少有几名乡镇领导干部和几名村干部联系？(　　)

A. 1、1　　B. 1、2　　C. 2、2　　D. 2、3

26. 每年(　　)前，有应征意向的男性大学生（含在校生、应届毕业生）可登录“全国征兵网”，填写个人基本信息报名。

A. 7 月 1 日　　B. 8 月 1 日　　C. 8 月 15 日　　D. 9 月 1 日

27. 目前，(　　)是我国就业岗位新的增长点。

A. 中小企业　　B. 大型企业　　C. 国有企业　　D. 事业单位

28. 当前大学生就业形势日益严峻，关于应对大学生就业问题的科学策略，以下说法正确的是(　　)。

A. 教育主管部门要根据宏观经济特征和市场需求来设置审批专业，避免

重复建设和不必要的内耗

B. 高校在教育管理、课程设置等方面实施相应的改革，形成自己的特色，实施毕业生就业方式的多样化

C. 大学生自身转变就业观念，从“精英主义就业观”转向“大众化就业观”，降低就业期望值

D. 以上说法都正确

29. 目前来看，以下职业中属于“夕阳”职业的是(　　)。

A. IT 编程人员　　B. 职业生涯辅导师

C. 公交车售票员　　D. 市场营销经理

30. 目前我国高校毕业生的就业(　　)结构性问题比较突出。

A. 地域　　B. 专业

C. 专业和地域　　D. 以上都不是

31. 农村义务教育阶段学校教师特设岗位实施范围具体为：《中国农村扶贫开发纲要（2011—2020 年）》确定的(　　)个集中连片特殊困难地区。

A. 10　　B. 11　　C. 15　　D. 20

32. 农村义务教育阶段学校教师特设岗位招聘条件：年龄不超过(　　)岁。

A. 22　　B. 28　　C. 30　　D. 35

33. 普通高校学生（男性）应征入伍体重不超过标准体重［（身高-110）kg］的(　　)。

A. 15%　　B. 20%　　C. 10%　　D. 30%

34. 普通高校应届毕业生应征入伍服义务兵役退役后(　　)年内参加全国硕士研究生招生统一入学考试，初试总分加(　　)分。

A. 1、20 分　　B. 2、15 分　　C. 3、10 分　　D. 4、20 分

35. 如果户口在入学时迁入学校，毕业时被录取为研究生的毕业生需凭(　　)办理户口迁移证。

A. 就业报到证　　B. 录取通知书

C. 学校调档函　　D. 毕业生推荐表

36. 入伍大学毕业生退役后一年内，可视同高等学校应届毕业生，凭用人单位录（聘）用手续，可向(　　)再次申请办理就业报到手续，户口档案随迁（直辖市按照有关规定执行）。

A. 原就读高校所在地人社部门　　B. 原就读高校

C. 原籍人社部门　　D. 原部队

37. 我国高等学校毛入学率达到23%，标志着我国高等教育实现了从精英教育向(　　)转变。

A. 大众化教育　　B. 专业化教育

C. 职业教育　　D. 全民化教育

38. 我国将逐步实行省级以上党政机关从具有(　　)以上基层工作经历的高校毕业生中考录公务员的办法。

A. 1年　　B. 2年　　C. 3年　　D. 4年

39. 我国目前(　　)地区吸纳高校毕业生的比例最高，但也呈现逐年下降趋势。

A. 东部　　B. 中部　　C. 西部　　D. 东北

40. 西部计划的报名时间一般是在每年什么时候？(　　)

A. 3~4月份　　B. 4~6月份　　C. 9~10月份　　D. 11~12月份

41. 下列关于我国当前各类求职群体的描述，不正确的是(　　)。

A. 失业人员和外来务工人员是求职主体

B. 新成长失业青年的比重波动中略有上升

C. 就业转失业人员的求职比重波动中呈现下降

D. 大学生就业率逐年下降

42. 下列哪个不属于各地开发的其他基层社会管理和公共服务岗位？(　　)

A. 社区主任　　B. 低保协管

C. 残疾工作协管　　D. 社区矫正协管

43. 当前大学毕业生就业制度主要为以市场导向、政府调控、学校推荐、(　　)的就业模式。

A. 按计划分配　　B. 统包统分

C. 包当干部　　D. 毕业生与用人单位双向选择

44. 以下不符合我国当前高校毕业生就业状况的是(　　)。

A. 高校毕业生就业率和月收入持续上升

B. 高校毕业生自主创业比例上升

C. 东部和沿海地区对毕业生的人才吸引力指数远高于中西部

D. 毕业生离职率大幅降低

45. 以下不属于毕业生择业心理误区的是(　　)。

A. 期望过高　B. 盲目攀比　C. 缺乏自信　D. 乐观顽强

46. 以下不属于灵活就业的是(　　)。

A. 临时工、季节工、承包工、劳务工、小时工

B. 非全日制就业、阶段性就业、远程就业、兼职就业

C. 自由职业者和独立服务型就业

D. 签订三年期限劳动合同者

47. 以下不属于项目就业的是(　　)。

A. “西部计划”

B. “三支一扶”

C. “农村义务教育阶段学校教师特设岗位计划”

D. 预征兵

48. 以下关于高校毕业生灵活就业的说法，不正确的是(　　)。

A. 大多就业收入偏低　B. 从业者流动性强、稳定性差

C. 劳动权益缺乏保护　D. 很受求职者欢迎

49. 以下关于项目就业的说法，不正确的是(　　)。

A. 分为国家项目和地方政府项目　B. 岗位具有临时性特点

C. 均享受升学考试加分　D. 收入来源于项目补贴

50. 以下哪项不是大学生就业难的成因？(　　)

A. 用人单位需求与大学生就业意愿不匹配

B. 企业用工制度不合理

C. 大学生就业期望值过高

D. GDP 增长过快

51. 以下哪种情况不能视为就业？(　　)

A. 没有签订就业协议，做短期临时工作

B. 出国、出境继续学习

C. 从事自由职业

D. 准备考研

52. 以下升学方式，未纳入我国就业率统计范畴的是(　　)。

A. 全日制专升本录取　　B. 全日制研究生录取
C. 第二学位招生录取　　D. 国外大学招生录取

53. 义务兵服现役的期限为(　　)年；应征报名（男兵）征集对象最低年龄为(　　)；女性普通高等学校应届毕业生年龄最多到(　　)岁。

A. 2、17 周岁、22　　B. 3、16 周岁、21
C. 4、18 周岁、23　　D. 5、19 周岁、24

54. 应征入伍的男性公民身高要求为(　　)，应征入伍的女性公民身高要求为(　　)。

A. 160cm 以上、158cm 以上　　B. 162cm 以上、160cm 以上
C. 165cm 以上、162cm 以上　　D. 170cm 以上、163cm 以上

55. 综合性研究型大学的专业设置通常是(　　)。

A. 以学科的分类为导向的　　B. 与行业的关系更密切
C. 与具体职业相对应　　D. 以市场需要为导向

56. 最能促进人才供需双方零距离对接、降低求职和招聘成本的就业方式是(　　)。

A. 订单式培养就业　　B. 就业市场双向选择就业
C. 项目就业　　D. 自主创业

二、多项选择题

1. “三支一扶”计划招募的基本条件是(　　)。

A. 政治素质好，热爱社会主义祖国，拥护党的基本路线和方针政策
B. 学习成绩合格，具有相应的专业知识
C. 具有敬业奉献精神，遵纪守法，作风正派
D. 身体健康

2. “三支一扶”计划招募的原则是(　　)。

A. 公开　　B. 平等　　C. 竞争　　D. 择优

3. “西部计划”的指导思想是鼓励青年知识分子到(　　)，经受磨炼，健康成长。

A. 实践中　　B. 农村　　C. 基层　　D. 艰苦地区

4. “西部计划”招募选拔时，优先考虑录取(　　)。

A. 在读研究生

B. 有志愿服务经历者

C. 西部地区生源

D. 担任过各级团学组织的学生干部

5. 参加中央部门组织实施的基层就业项目，服务期满后享受(　　)。

A. 公务员招录优惠

B. 事业单位招聘优惠

C. 考学升学优惠

D. 国家补偿学费和代偿助学贷款政策

6. 参加中央部门组织实施的基层就业项目、服务期满的毕业生，可以享受(　　)。

A. 公务员招录优惠和事业单位招聘优惠

B. 考学升学优惠：服务期满后三年内报考硕士研究生初试总分加 10 分；同等条件下优先录取；高职（高专）学生可免试入读成人本科

C. 国家补偿学费和代偿助学贷款政策：参加各基层就业项目的毕业生，符合规定条件的，可享受相应的学费补偿和助学贷款代偿政策

D. 服务期满自主创业的，可享受税收优惠、行政事业性收费减免、小额贷款担保和贴息等有关政策

7. 大学生求职时需要了解的就业政策与法规具体有(　　)。

A. 国家关于大学生就业的方针和政策，比如国家对大学生应征入伍、当村官、到基层和中西部地区就业等的优惠政策

B. 国家出台的与就业相关的法律法规，比如《中华人民共和国劳动法》《中华人民共和国劳动合同法》等，学会用法律来保护自己

C. 地方的用人政策，比如北京市关于外地生源在北京地区就业的规定、上海市应届毕业生的落户政策等

D. 学校出台的就业相关规定

8. 各地各高校要在每年年底前编制和发布就业质量年度报告，科学、客观地反映高校毕业生就业创业状况和特点。通过就业质量报告，大学毕业生可以了解(　　)。

A. 本校各专业就业率　　　　B. 各专业毕业生就业去向

C. 各高校毕业生就业满意度　　D. 大学生创业数量和类型

9. 根据《流动人员人事档案管理暂行规定》规定，流动人员人事档案包括(　　)。

A. 辞职辞退、取消录（聘）用或被开除的机关事业单位工作人员档案

B. 与企事业单位解除或终止劳动（聘用）关系人员的档案

C. 未就业的高校毕业生及中专毕业生的档案

D. 自费出国留学及其他因私出国（境）人员的档案

10. 国家和地方重大科研项目包括(　　)。

A. 973 计划

B. 863 计划

C. 科技支撑计划项目

D. 国家自然科学基金重大重点项目

11. 国家出台一系列促进高校毕业生就业的政策措施，形成一整套高校毕业生的就业政策体系的目的是(　　)。

A. 鼓励企业特别是中小企业吸纳高校毕业生就业；鼓励支持高校毕业生自主创业，稳定灵活就业

B. 鼓励引导高校毕业生面向城乡基层、中西部地区以及民族地区、贫困地区和艰苦边远地区就业

C. 鼓励高校毕业生应征入伍，报效祖国；积极聘用高校毕业生参与国家和地方重大科研项目

D. 为高校毕业生提供就业指导、就业服务和就业援助

12. 就业政策中关于落实小微企业吸纳毕业生的优惠政策包括(　　)。

A. 社保补贴　　B. 培训补贴　　C. 降税减负　　D. 房租补贴

13. 特岗教师招聘工作遵循“三定”原则，具体指(　　)。

A. 定县　　B. 定岗　　C. 定校　　D. 定薪

14. 通常来说，就业途径与方法包括(　　)。

A. 就业信息获取　B. 就业范围确定　C. 就业程序了解　D. 就业政策

15. 下列关于“大学生志愿服务西部计划”的描述正确的是(　　)。

A. 为了吸引应届大学毕业生到西部地区、到基层和艰苦地区建功立业，从高校毕业生中招募志愿者

B. 国家正在大力实施这个计划

C. 志愿者服务期满后，鼓励其扎根基层或自主择业

D. 到西部贫困县的乡镇一级教育、卫生、农技、扶贫等单位服务 1 ~ 2 年，服务期间不计算工龄

16. 下列哪些属于大学生应征入伍服义务兵役享受的优惠政策？（ ）

A. 优先报名应征　　B. 优先体检政考

C. 优先审批定兵　　D. 优先分配去向

17. 以下哪些是当前和今后一个时期我国人才发展的指导方针？（ ）

A. 服务发展　B. 人才优先　C. 以用为本　D. 创新机制

18. 以下哪些属于“国家项目”就业？（ ）

A. 大学生志援服务西部计划　　B. “三支一扶”计划

C. 农村教育硕士师资培养计划　　D. 村官计划

19. 与高校学生申请应征入伍服义务兵役国家资助有关的部门有哪些？（ ）

A. 所服役的部队政工部门　　B. 原籍县级征兵办

C. 原就读高校学生资助管理部门　　D. 入伍所在地县级征兵办

三、判断题

1. “三支一扶”招募的大学生需要进行上岗前培训。（ ）

2. “三支一扶”招募对象主要为全国普通高校毕业生。（ ）

3. “西部计划”出省服务志愿者报考公务员录取优惠政策要比在本省服务的志愿者更多一些。（ ）

4. “一带一路”是“丝绸之路经济带”和“21 世纪海上丝绸之路”的简称，是国家重大倡议。（ ）

5.《人力资源和社会保障部办公厅关于重大科研项目单位吸纳高校毕业生参与研究工作签订服务协议有关问题的通知》规定，服务协议履行期间，毕业生不可以提出解除服务协议。（ ）

6. 2012 年起，高校毕业生或在校生入伍服兵役，不享有学费补贴代偿优惠政策。（ ）

7. 大学生村官的岗位性质是公务员。 （ ）

8. 大学生村官复审不合格的，将取消面试考察资格。 （ ）

9. 当代大学生的就业形式以政府安置、学校分配为主。 （ ）

10. 对于高校毕业生来说，现在是市场经济体制，档案已经失去往日的重要作用了。 （ ）

11. 非全日制用工双方当事人可以订立口头协议。 （ ）

12. 非全日制用工双方当事人约定的试用期不得超过一个月。 （ ）

13. 高校学生档案是国家人事档案的组成部分，是记录和反映本人经历、德才能绩、学习和工作表现，是以学生个人为单位集中保存起来以备查考的文字、表格及其他各种形式的历史记录，是大学生就业及今后在单位选拔、任用、考核的主要依据。 （ ）

14. 各种私营民营企业、乡镇企业、中外合资、独资企业都无权管理员工的人事档案，一般由委托的各级人才交流机构托管。 （ ）

15. 公共就业服务机构不得从事经营性活动。公共就业服务机构举办的招聘会，不得向劳动者收取费用。 （ ）

16. 国家和地方重大科研项目吸纳的高校毕业生不是项目承担单位的正式在编职工。 （ ）

17. 国家设立“退役大学生士兵”专项硕士研究生招生计划。 （ ）

18. 西部计划服务期间，志愿者的户口档案可以转到服务地。 （ ）

19. 西部计划服务期间，志愿者组织关系将会转至服务地，编入当地一个支部并在当地参加组织生活。 （ ）

20. 在部队荣立三等功及以上的退役人员，符合研究生报名条件的可免试（指初试）攻读硕士研究生。 （ ）

第九章
大学生求职就业准备

【教学目标】 使毕业生能够及时、有效地获取就业信息，建立就业信息的搜集渠道，帮助毕业生提高信息收集与处理的效率与质量。使学生掌握求职过程中简历和求职信的撰写技巧，掌握面试的基本形式和面试应对要点，提高面试技能。

【教学内容】

1. 了解就业信息；搜集就业信息；分析与利用就业信息。
2. 求职材料准备；简历制作的注意事项。
3. 面试基本类型与应对技巧；面试后注意事项。

【教学方法】 课堂讲授、经验交流、案例分析、模拟面试。

一、单项选择题

1. 以下不属于就业信息的有(　　)。

A. 就业政策与法规　　B. 宏观与微观的就业形势

C. 就业途径与方法　　D. 网上论坛和微博

2. 就业政策与法规不包括(　　)。

A. 国家关于大学生就业的方针、原则和政策

B. 国家出台的与就业相关的法律法规

C. 企业出台的就业相关规定

D. 学校出台的就业相关规定

3. 宏观与微观的就业形势不包括(　　)。

A. 国家政治经济建设方针、任务和发展战略

B. 往年毕业生的供求形势

C. 本专业的培养目标、发展方向、适用范围以及对口单位的情况

D. 了解职业分类与结构，以及该职业发展的趋势，使自己总揽全局，更好地把握自己，在国家建设的大背景下找到自己的正确位置

4. 校内就业信息获取的主要途径不包括(　　)。

A. 各高校每年定期组织的大型就业招聘会

B. 每年 9 月份开始，用人单位会集中到学校举办各类宣讲招聘会

C. 学校会搜集用人单位的用人需求和招聘信息，在就业网站发布，同学可登陆网站查看，并投递简历

D. 校友推荐

5. 毕业生校外（高校）就业信息获取的主要途径不包括(　　)。

A. 其他高校的就业指导中心官方网站

B. 本学校官方网站

C. 其他高校就业微信公众号等

D. 大型人才招聘网络站点

6. 下列关于简历的描述中错误的是(　　)。

A. 简历是提供给未来雇主的书面交流材料

B. 一般来说简历有其自身的书写规律

C. 简历和目标职位之间要建立紧密、有针对性、清晰的联系

D. 简历越详细具体越好，“一张纸”简历不能满足求职要求

7. 关于就业推荐表，以下说法正确的是(　　)。

A. 遗失了不用补办

B. 每人可以有两份

C. 每位毕业生一份，需妥善保管

D. 就业推荐表只打印即可，不需要盖章

8. 你认为大学生对待考取等级证书态度正确的是(　　)。

A. 根据自己的职业规划考取相应的证书

B. 哪个热门考哪个

C. 同学考哪个自己跟着考哪个

D. 考的证书越多越好

9. 关于简历，不正确的是(　　)。

A. 站在对方的立场考虑问题　　　　B. 措辞达意，合体适用

C. 格式正确，篇幅适宜　　　　　　D. 不留自己的联系方式

10. 关于求职信，你认为正确的是(　　)。

A. 求职信没有简历重要，不需要太重视

B. 尽可能面面俱到，详细表述

C. 可以适当地进行渲染和夸大

D. 需要得体、合意、规范

11. 你认为在面试时下列言谈举止中不合适的是(　　)。

A. 握手要有感染力　　　　　　B. 保持眼神交流

C. 表现过于自信、高傲　　　　D. 学会微笑

12. 求职材料的内容不包括(　　)。

A. 求职简历、求职信　　　　　B. 毕业生就业推荐表、成绩单

C. 技能证书、荣誉证书　　　　D. 毕业证

13. 毕业生整理求职材料时，首先(　　)大学经历，还应该分析与总结，提炼相关经历的关键词，并且用相应的文字材料表达出来，以供简历制作和面试应答。

A. 分类与归纳　　　　　　　　B. 推理和应用

C. 筛选与演绎　　　　　　　　D. 判断和解读

14. 提高警惕，防范就业风险，以下做法不正确的是(　　)。

A. 加强对劳动法规和大学生就业政策的学习

B. 通过正规渠道获取招聘信息

C. 详细了解职业名称及职位描述

D. 上岗体验再做评价和选择

15. 在大学生求职过程中，难免会遇到骗子公司和虚假信息，大学生应该提高警惕擦亮双眼。你认为面对种种骗局，大学生应该怎样才能避免落入求职陷阱？以下选项中错误的是(　　)。

A. 仔细查看对方有没有中介许可证和营业执照

B. 只要与用人单位面对面商谈，就可以放心就业

C. 遇到打着“定岗费”“跟踪服务费”等名目收取费用的用人单位，切莫应聘

D. 如果找工作，遇到用人单位乱收费、中介拒绝退费等情况，可向劳动

监察或各级劳动主管部门举报

16. 大学生获取就业信息的渠道虽然很多，但仍然要仔细甄别，正规信息来源一般不包括(　　)。

A. 各级毕业生就业主管部门和就业指导机构

B. 网上论坛和微博

C. 各高校毕业生就业指导中心

D. “双向选择”供需见面会

17. 在大学生择业过程中存在多种心理误区，这些误区严重影响大学生的择业行为。以下不属于毕业生择业心理误区的是(　　)。

A. 期望过高　B. 不切实际　C. 急功近利　D. 乐观顽强

18. 学生因就业问题而产生紧张的情绪体验属于(　　)心理障碍。

A. 焦虑　B. 抑郁　C. 自卑　D. 懦弱

19. 关于大学生的择业心态，以下不正确的是(　　)。

A. 学会客观、全面地进行自我认识和自我评价

B. 清除从众心理

C. 以冷漠的心态保护和包装自己

D. 克服“主见缺乏症”，培养果断的决策能力

20. 大学生进行自我心理调适的四种途径是(　　)。

A. 建立自信、正视社会现实、培养独立意识、正确对待挫折

B. 建立自信、加强社会实践、培养专业技能、正视社会现实

C. 正视社会现实、培养独立意识、培养团队意识、正确对待挫折

D. 正视社会现实、加强社会实践、培养专业技能、勇于独立思维

21. 用生活中的哲理、榜样的事迹或明智的思想观念来激励自己，同各种不良情绪进行斗争，坚信未来是美好的，这属于何种心理调适法？(　　)

A. 合理情绪疗法　B. 自我激励法　C. 自我安慰法　D. 适度宣泄法

22. 以下关于就业信息的说法，不正确的是(　　)。

A. 就业信息不包括就业政策

B. 就业信息是求职的基础

C. 就业信息越广泛，择业的视野就越宽阔

D. 就业信息的质量越高，求职成功的可能性就越大

23. 具体完整的用人信息，一般不包括(　　)。

A. 关于职业的信息　　B. 关于应聘条件的信息

C. 员工的家庭信息　　D. 招聘程序方面的信息

24. 获取就业信息的方法不包括(　　)。

A. 观察法　　B. 测评法　　C. 调查法　　D. 咨询法

25. 以下不属于就业信息筛选原则的是(　　)。

A. 是否顺应国家经济社会发展趋势的原则

B. 行业、单位、岗位是否有利于自己的发展

C. 就业区域是否适合自己的发展

D. 就业中介机构与单位的关系

26. 应届毕业生分析研究就业信息，不必考察(　　)。

A. 信息时效性　　B. 信息发布者的职业规划

C. 信息发布频率　　D. 薪资和附加条件

27. 以下不属于就业人际资源整合的是(　　)。

A. 帮同学做毕业设计　　B. 委托同学代投简历

C. 拜托教师推荐实习　　D. 动员亲友内部推荐

28. 以下关于运用就业信息的注意事项，不正确的是(　　)。

A. 就业信息及时使用　　B. 信息可信度要论证

C. 自己决定即可，不用与家人沟通　　D. 不要草率放弃任何一条信息

29. 主考人员通过与应试者直接交谈的方式来考查其是否具备所报考职位应有的能力和某些素质，这个程序是(　　)。

A. 面试　　B. 谈判　　C. 招标　　D. 海选

30. 影响仪表风度的三个主要方面是(　　)。

A. 职业形象、职业知识和职业技能

B. 举止动作、外貌和服饰

C. 有声语言、肢体语言和资质证明

D. 语言表达、动作举止和服饰仪表

31. 以下求职行为符合仪表风度要求的是(　　)。

A. 求职大学教师，身着运动套装和昂贵运动手表

B. 求职软件开发，用词精准，积极交流

C. 求职销售岗位，大部分时间低头盯着自己的鞋子，或摆弄衣角、头发
D. 求职文员岗位，与考官保持在 30cm 以内的目光交流距离

32. 面试考察专业知识，主要是考察(　　)。
A. 专业知识的广度　　B. 专业知识的深度
C. 专业知识的广度和深度　　D. 专业知识的更新程度

33. 以下不属于面试对专业知识考察的是(　　)。
A. 询问笔试成绩和部分试题的解答情况
B. 了解大学课程结构和个人成绩
C. 询问对大学成绩的看法
D. 了解专业方面的校外培训和自学情况

34. 以下不属于面试对实践经验考察的是(　　)。
A. 了解校外培训和自学情况　　B. 追问简历中的社会实践细节
C. 了解课程学习中的训练项目　　D. 询问实习、兼职情况

35. 以下不属于面试对表达能力考察点的是(　　)。
A. 表达的逻辑性、准确性　　B. 复述大学教材的基本理论
C. 表达的感染力　　D. 表达的条理性

36. 以下不属于面试对分析能力考察的是(　　)。
A. 评价社会热点现象　　B. 评价社会流行观念
C. 表述专业排名和获奖情况　　D. 分析职业要求和个人素质

37. 以下不属于面试对人际关系考察的是(　　)。
A. 人际交往倾向　　B. 通常扮演的团队角色
C. 个人独处时的时间管理　　D. 维护人际关系的技巧

38. 以下不符合人际关系原则的是(　　)。
A. 维护人际关系，可以违反职业操守
B. 以工作顺利开展为重
C. 局部服从整体，眼前服从长远，个人服从整体
D. 区别对待不同对象

39. 以下关于对自我控制考察的说法，不正确的是(　　)。
A. 通常在压力面试中，重点考察
B. 主要考察点是外显言行和情绪控制

C. 必要时，可以发生争执和冲突

D. 回答问题的关键是换位思考和自我管理

40. 以下关于兴趣爱好的说法，不正确的是（　　）。

A. 可以了解一个人的情趣操守

B. 可以了解一个人的时间管理

C. 可以预判职业发展潜力

D. 可以了解职业技能

41. 以下关于求职动机的说法，不正确的是（　　）。

A. 求职动机是一个人工作的原动力

B. 求职动机是一个人行为的内在因素

C. 求职动机是内隐的意愿

D. 求职动机可以靠推断获知

42. 以下关于上进心的说法，不正确的是（　　）。

A. 上进心、进取心强烈的人，更容易获得成功

B. 上进心强烈，表现在努力把现有工作做好且不安于现状

C. 上进心是所有人都具有的，不需培养和激励

D. 上进心不强的人，一般都是安于现状、无所事事

43. 以下关于工作态度的说法，不正确的是（　　）。

A. 大学生未就业，无法考核工作态度

B. 从过去学习、工作的态度，可以推断将来可能的工作态度

C. 对申请职位的态度，可以推断将来可能的工作态度

D. 工作态度是动态变化又相对稳定的

44. 以下关于电话面试的技巧，不正确的是（　　）。

A. 对于突然的电话面试，不应该立刻表示方便接电话

B. 事先约定的电话面试，要提前做好各项准备

C. 选择良好的通话环境

D. 设置标新立异的彩铃或先挂断电话

45. 以下关于一对一面试的说法，不正确的是（　　）。

A. 求职者要坦诚、主动、耐心、谨慎

B. 求职者认同考官的所有招录标准，就能成功

C. 求职者要与考官保持互动交流

D. 求职者要充分尊重考官的表达方式

二、多项选择题

1. 就业政策与法规包括(　　)。
A. 国家关于大学生就业的方针、原则和政策以及与就业相关的法律法规
B. 各地方的用人政策、人才引进政策
C. 国家政治经济建设方针、任务和发展战略
D. 学校出台的促进毕业生就业的相关规定

2. 宏观与微观的就业形势包括(　　)。
A. 国家政治经济建设方针、任务和发展战略
B. 往年毕业生就业市场的供求关系
C. 当年毕业生的供求形势，应届毕业生的整体供需关系
D. 专业的培养目标、发展方向、适用范围以及对口单位的情况

3. 毕业生就业信息获取的主要途径有(　　)。
A. 各高校每年在3月份、4月份、11月份左右组织的大型招聘会
B. 微博、微信、手机客户端等
C. 每年9月份开始，用人单位集中到各学校举办的宣讲招聘会
D. 学校搜集的用人单位的用人需求和招聘信息

4. 毕业生还可以在校外获取就业信息的途径有(　　)。
A. 各高校的就业指导中心官方网站
B. 各高校网络论坛上的就业、求职版块
C. 有关大学生就业的微博、微信、手机客户端等
D. 大型人才招聘网络站点或网络招聘会

5. 在大学生择业过程中，(　　)等各个环节都离不开求职材料。
A. 准备　　B. 推荐　　C. 面试　　D. 录用

6. 一般来说，一份完整的求职材料包括(　　)。
A. 求职简历、求职信
B. 成绩单、技能证书、获奖证书
C. 荣誉证书，作品及成果证明材料
D. 毕业生就业推荐表

7. 求职简历是求职者给招聘单位发的一份简要介绍，包含(　　)。

A. 基本信息——姓名、性别、年龄、民族、籍贯、政治面貌、学历、联系方式

B. 自我评价及对岗位的认识

C. 工作经历、学习经历

D. 荣誉与成就、求职目标

8. 毕业生就业推荐表是学校为毕业生印制的求职材料，包括(　　)。

A. 毕业本人的情况介绍，包括学习成绩、社会工作、特长、获奖及就业意向

B. 毕业生所在院系的和学校就业主管部门的推荐意见

C. 荣誉证书、作品及成果

D. 权威人士推荐资料

9. 在全面总结大学阶段的经历的基础上，整理求职材料时需要(　　)。

A. 分类与归纳　　B. 演绎与推理

C. 分析与总结　　D. 整理与装档

10. 网络递送求职材料需要注意(　　)。

A. 招聘单位的用人条件　　B. 认真回答开放式问题

C. 条理清晰　　D. 注意网申的截止时间和要求

11. 一份简洁有力的简历是求职不可或缺的重要资料之一，其基本内容包括(　　)。

A. 个人基本信息（姓名、年龄、文化、专长、教育等）

B. 个人具备的能力和经历（最好有证明，包括专业、课程、实习经历、所获奖项等）

C. 各类社会关系

D. 个人对用人单位提出的意见

12. 根据面试的结构标准化程度，面试可以分为(　　)。

A. 结构化面试　　B. 远程面试

C. 半结构化面试　　D. 非结构化面试等三种

13. 结构化面试，包括以下方面的含义：(　　)。

A. 面试程序的结构化　　B. 面试试题的结构化

C. 面试结果评判的结构化　　D. 考生构成的结构化

14. 按照面试人数的数量分为(　　)。

A. 单独面试　　B. 集体面试　　C. 小组面试　　D. 大组面试

15. 根据面试的目的，还可以分为(　　)。

A. 单独面试　　B. 集体面试　　C. 压力性面试　　D. 非压力面试

16. 面试前的准备工作包括(　　)。

A. 对用人单位和应聘职位做深入了解

B. 提前为自己准备一份自我介绍，最好包括英文自我介绍

C. 最好携带 2 ~ 3 份个人求职简历

D. 证明个人能力的佐证材料带齐全

17. 打造得体的面试形象包括(　　)。

A. 着装准备　　B. 自信心态　　C. 时间准备　　D. 知识储备

18. 单独面试，顾名思义即面试官只面对一位求职者，下面说法正确的是(　　)。

A. 这是目前最为常见的一种面试方式

B. 其优点是能提供一个面对面深入交流的机会

C. 面试官的数量固定

D. 根据公司的惯例和录用职位的高低而有所区别

19. 集体面试也叫作小组面试，指面试官同时考察多位求职者，下面说法正确的是(　　)。

A. 集体面试中通常要求求职者做小组讨论

B. 求职者会被要求相互协作解决某一问题

C. 让应试者轮流担任小组领导主持会议发表演说等

D. 这种面试方法主要用于考察应试者的人际沟通能力、洞察与把握环境的能力、领导能力等

20. 无领导小组讨论是最常见的一种集体面试法，下面说法正确的是(　　)。

A. 在不指定召集人、主考官也不直接参与的情况下，应试者自由讨论主考官给定的讨论题目

B. 这一题目一般取自于拟任工作岗位的专业需要，或是现实生活中的热点问题，具有很强的岗位特殊性、情景逼真性和典型性

C. 讨论中，众考官参加提问或讨论

D. 通过观察、倾听的方式为应试者进行评分

21. 关于压力性面试下面说法正确的是(　　)。

A. 不能将应考者置于一种人为的紧张气氛中

B. 让应考者接受诸如挑衅性的、非议性的、刁难性的刺激

C. 考察应考者应变能力、压力承受能力、情绪稳定性等

D. 考官以“压力发问”方式逼迫应考者充分表现出对待难题的机智灵活性、应变能力、气质性格和修养等方面的素质

22. 笔试是一种常用的考核方式，关于笔试下面说法正确的是(　　)。

A. 是用人单位采用书面形式（计算机答题）对求职者所掌握的通用知识、专业知识、性格特征和心理健康等综合素质进行的考察和评估

B. 成本较高且不够客观

C. 通常用来筛选和选拔候选人

D. 一般安排在面试官面试之前

23. 近几年来，无领导小组面试法得到越来越多单位的认可，但是很多毕业生对无领导小组面试缺乏了解，面对这种开放式面试不知该从何着手，关于此类面试的技巧有(　　)。

A. 不需倾听，抢先发言　　B. 和谐人际，勿忘团队

C. 机智应对，以诚待人　　D. 适时引导，掌握局面

24. 电话面试的注意事项包括(　　)。

A. 在安静的场所进行此次通话面试，排除所有可能的干扰

B. 像正式面试一样，把自己关于面试的准备的自我介绍、案例、个人特质恰当地融入电话沟通中

C. 沟通简洁明了，语速语调和自信的状态尤为重要

D. 不需要注意表情，因为对方看不到

25. 远程面试注意事项包括(　　)。

A. 当收到视频面试通知时，和对方确认时间以及如何建立联系

B. 远程面试时着装不需要正式得体，面试官不在面前举止可以随意

C. 提前安排一次预备演练，确保所有设备运转正常以及自己会调试这些设备（比如摄像头、麦克风、音量等）

D. 选择相对封闭安静的环境，如果在宿舍面试，提前请室友回避或保持安静，以免给面试官造成干扰

26. 压力性面试主要考察应考者的(　　)。

A. 机智灵活性

B. 应变能力

C. 思考判断能力

D. 气质性格和个人修养等方面的素质

27. 一般可以从(　　)渠道获得招聘信息。

A. 互联网网站、智能移动设备客户端

B. 现场招聘会

C. 报纸、电视等媒体

D. 熟人推荐

28. 毕业生求职开始之前一般需要做的准备工作包括(　　)。

A. 制作个人简历　　B. 查询招聘信息

C. 明确求职意向　　D. 学习求职礼仪

29. 个人简历一般包括哪些内容?(　　)

A. 求职意向　　B. 联系方式　　C. 教育经历　　D. 奖惩情况

30. 社交场合握手禁忌(　　)。

A. 不懂次序，随便握手　　B. 注意力不集中

C. 戴手套　　D. 用力过猛

31. 毕业生以灵活方式就业的，需提供用人单位用工证明。(　　)是用工证明的必备要素。

A. 用人单位公章　　B. 用人单位联系电话

C. 毕业生本人签名　　D. 学校就业指导中心盖章

三、判断题

1. 大学生勤工助学是一种有经济补偿的社会实践活动。　　(　　)

2. 对大学生就业来说，就业形势是最重要的就业信息。　　(　　)

3. 对大学生就业来说，就业指导中心是获取就业信息的主要传统渠道。　　(　　)

4. 辅修课程的范围是指非本专业教学计划内的课程。　　(　　)

5. 高校就业面试模拟的重要载体是辩论赛。（　　）

6. 不同企业相同岗位，给予同一个人的薪资，差异很大，毕业生就应该“这山望着那山高”，才能在就业中不吃亏。（　　）

7. 关于高校毕业生的就业区域，“宁要东部一张床，不要西部一套房”的说法是对的。（　　）

8. 理工科大学生做技术员，不如做家政服务，岗位竞争小，工作轻松收入高，还有机会接触上流社会，更容易成功。（　　）

9. 校园大型招聘会提供的就业信息，虽然数量充足、但是质量很差，不必参加。（　　）

10. 网络招聘信息多而冗杂，求职成功率极低，不必浪费时间关注。（　　）

11. 就业信息整合筛选的过程，也是人际关系整合运用的过程。（　　）

12. 简历要尽量详细地描述自己。对于实习经验要尽可能详尽地描述，篇幅越长越好。（　　）

13. 简历要有明确的求职意向，要表明自己的特长、兴趣爱好等。（　　）

14. 简历中语言表达要有深度，尽量用一些生僻的词汇或者网络语言，甚至可以用文言文来突出自己简历的个性。（　　）

15. 简历对自己找工作不是很重要，所以不必花太多心思在简历的制作上，必要时可以制作一份公用的简历，遇到哪家单位都可以投递同一份简历。（　　）

16. 学校就业市场一般以校园招聘会、就业洽谈会或就业信息发布会的形式运行，可以由一个学校或多个学校联办。（　　）

17. 学校就业市场主要服务于在校的毕业生，参与的用人单位可以是一个单位、一个部门或多个单位、多个行业的联合。（　　）

18. 学校就业市场在目前毕业生就业市场中起到就业的主渠道作用。（　　）

19. 面对海量的求职信息，为了提高对有效信息的筛选，应该遵循面对现

实与理论联系实际相结合的原则。在使用求职信息时，无论个人的愿望如何美好，在实际操作时都要以个人实际为判断标准。（ ）

20. 面对海量的求职信息，为了提高对有效信息的命中率，也为了等待合适的机会，应该晚做决策，等待良机。（ ）

21. 面对海量的求职信息，为了提高对有效信息的使用率，应该善于开拓。即针对那些具有潜在价值的信息，要深入思考，加以引证，充分利用。正如人们常说的那样，信息的价值“会用则有，不会用则无”。（ ）

22. 为了提高求职材料的有效性，尽可能详细地罗列材料。（ ）

23. 目前在我国就业市场中小微企业、有限责任公司、股份有限公司的用人需求占据主体地位。（ ）

24. 目前在我国就业市场，私营及个体企业用人需求呈现上升趋势。（ ）

25. 目前我国就业市场，国有和集体企业的用人需求占主体地位。（ ）

26. 目前我国就业市场中外商及港澳台企业的用人需求变化不大。（ ）

27. 一份成功的个人简历，往往可以吸引别人的注意力，展现求职者的才华和成绩、事业心和责任心，从而增加被聘用的可能性。（ ）

28. 根据面试的结构标准化程度，面试可以分为结构化面试、半结构化面试和远程面试等三种。（ ）

29. 结构化面试，是指面试题目、面试实施程序、面试评价、考官构成等方面都有统一明确的规范进行的面试。公务员录用面试不属于此种类型。（ ）

30. 按照面试人数的数量分为少数面试和集体面试。（ ）

31. 根据面试的目的，面试还可以分为压力性面试和非压力性面试。（ ）

32. 求职信是一种附带个人简历的介绍性信件，是毕业生求职过程中常用的一种向用人单位推荐自己的方式。（ ）

第十章
大学生就业流程

【教学目标】　使大学生了解就业流程，做好就业前准备和就业过程管理，为顺利派遣和报到打下基础。

【教学内容】

1. 就业前准备工作的具体内容。
2. 求职笔试面试准备，协议书签订的流程及注意事项。
3. 就业派遣、改派及报到流程。

【教学方法】　课堂讲授、案例分析、经验分享。

一、单项选择题

1. 毕业生就业协议书是毕业生和用人单位在签订劳动合同前，双方确定就业意向和权益的依据，一般情况下，就业协议书，一式(　　)，其具有民事合同的性质及相应的法律责任与权利，但又不等同于劳动合同。

A. 两联　　B. 三联　　C. 四联　　D. 五联

2. 毕业生就业推荐表是(　　)出具的，向用人单位推荐、介绍毕业生情况的就业材料之一。

A. 省教育厅　　B. 省高校招生就业指导服务中心
C. 学校就业工作部门　　D. 当地人才服务中心

3. 应届毕业生因放弃读研而需补办就业报到证，期限为(　　)。

A. 自毕业之日起一年内
B. 就业报到证签发之日起两年内
C. 毕业离校一年内
D. 就业报到证签发之日起一年内

4. 应届大学毕业生办理就业报到证改派的期限为(　　)。

A. 自毕业之日起一年内

B. 就业报到证签发之日起两年内

C. 改派期限为自毕业之日起两年内

D. 就业报到证签发之日起一年内

5. 因就业报到证遗失，现要求补办的同学需携带的材料不包括(　　)。

A. 补办申请表、个人补办报到证书面申请

B. 单位接收函

C. 毕业证原件及复印件

D. 登报遗失声明：在省级报纸声明作废，内容包括毕业学校、专业、届别、姓名、性别及原报到证号码（要求携带省级及其以上报纸原件）

6. 因放弃读研等原因，现要求补办就业报到证的毕业生同学需携带的材料不包括(　　)。

A. 补办申请表、个人补办报到证书面申请

B. 原升学单位同意放弃读研的证明材料（盖原升学单位公章）

C. 毕业证原件及复印件

D. 与新单位签订的就业协议书或劳动合同或新单位出具的正式录用函；未落实就业单位的直接办理回生源所在地就业主管部门的报到证

7. 毕业生到就业单位报到时，须持“报到证”，报到证的主要作用不包括(　　)。

A. 教育主管部门证实派遣毕业生的凭证

B. 毕业生所具备的能力、学历证明

C. 用人单位接收毕业生的重要文字证明

D. 人才中心、档案管理机构接收毕业生档案的重要凭证

8. 制作简历应坚持的原则不包括(　　)。

A. 客观真实　　B. 有针对性

C. 尽量详细，罗列所有证书　　D. 格式简洁，方便阅读

9. 求职过程的笔试毕竟不同于学校平时的考试，毕业生应精心准备，以下说法不正确的是(　　)。

A. 毕业生应该充满信心，沉着应对

B. 要保持良好的心态，减轻思想负担

C. 要精心做好准备，做到有的放矢

D. 不需要注意笔试过程中的细节

10. 关于面试回答问题的技巧不包括(　　)。

A. 把握重点，条理清楚

B. 明确简洁而不失细节

C. 态度要热情积极，传达激情和活力

D. 不需要实事求是，尽量美言，适度夸大

11. 面试的基本礼仪不包括(　　)。

A. 求职者在面试过程中穿着要整洁、大方、充满朝气

B. 仪表要端庄，头发要梳理整齐

C. 女同学可以浓妆艳抹

D. 不要涂浓烈的香水

12. 面试要做好充足的准备，以下不属于的是(　　)。

A. 不要深入了解用人单位　　B. 精心准备面试资料

C. 沉着自信　　D. 进行必要的面试训练

13. 关于就业协议书，以下说法不正确的是(　　)。

A. 学校编制毕业生就业方案的主要依据

B. 就业协议书是由教育部高校学生司统一制定，由用人单位、学校两方签订的，用以明确用人单位和高校在毕业生中权力和义务的法律文书

C. 也是毕业生办理到用人单位报到、接转档案、户籍关系和党团组织关系的依据

D. 对签订诸方均具有法律约束力，协议各方均须严格履行就业协议内容

14. 以下关于就业协议书的说法，不正确的是(　　)。

A. 一式四份，每名毕业生都有专属编号，应妥善保管

B. 就业协议书是申领就业报到证的依据

C. 任何招生类型的高校毕业生均可申领使用

D. 仅适用于高校毕业生两年择业期内

15. 就业协议书与劳动合同的区别，不正确的是(　　)。

A. 适用期限不同：前者是建立劳动关系前的双方意向，后者是建立正式劳动关系后的约定

B. 保护主体不同：前者保护高校毕业生就业市场，后者保护劳动力市场

C. 包含内容不同：前者是粗略的录用意向，后者是详细的劳动关系双方的权利义务

D. 法律效力不同：前者完全不受法规保护，后者受法规保护

16. 毕业生不同类型的就业方式，需提交给学校不同的证明文件，以下不正确的是(　　)。

A. 协议就业应提交信息完整、用人单位审核确认的协议书

B. 升入高校进行全日制学历学习，应提供录取通知书

C. 出国留学，提交自费出国申请、国外学校或单位的接收函（复印件）即可

D. 考录公务员、事业单位，或项目就业，提交招募单位招录文件或调函等相关证明材料

二、多项选择题

1. 毕业生求职推荐材料一般应包括(　　)。

A. 毕业生就业推荐表、求职信

B. 专家推荐信

C. 简历、成绩单及各种证书

D. 已发表的文章、论文、取得的成果等

2. 关于毕业生就业推荐表，下面说法正确的是(　　)。

A. 是由学校学生就业指导中心统一编制，由各学院和学校学生就业指导中心审核盖章的应届毕业生推荐材料

B. 是毕业生经学校毕业生资格审查合格，具有就业资格的唯一凭证

C. 是确定毕业生就业范围的有效证明

D. 也是毕业生申请各种毕业生接收指标（包括用人单位接收指标、户口指标等）的重要材料

3. 就业推荐表的内容，主要包括(　　)。

A. 学业情况、本人简历

B. 家庭背景、社会关系

C. 社会表现及社会活动能力

D. 在校奖惩状况、本人就业意愿、学校推荐意见

4. 毕业生在制作个人简历时应坚持以下原则：(　　)。

A. 尽量详尽周到，罗列所有证书　　B. 突出成绩

C. 客观真实　　D. 有针对性

5. 毕业生获取就业信息的渠道主要有(　　)。

A. 学校及各学院的毕业生就业工作管理服务部门

B. 毕业生供需见面会和人才招聘会

C. 网络等传播媒体

D. 社会关系网推荐、毕业实习

6. 当你在搜集工作信息时，对一个具体工作岗位要了解的信息包括(　　)。

A. 用人单位的产品和服务

B. 单位在行业内的竞争力

C. 公司的上下游企业

D. 员工发展、上升空间、上升路径

7. 用人单位招聘笔试的形式主要有(　　)。

A. 专业考试　　B. 技能测试　　C. 心理测试　　D. 非专业测试

8. 在求职应聘时，应对笔试应该做到(　　)。

A. 不需要注意细节，只需要注意把握大局

B. 要保持良好的心态，减轻思想负担

C. 要精心做好准备，做好有的放矢；要了解笔试的类型、考试内容以及考察重点，并做好应对

D. 毕业生应该充满信心，沉着应对

9. 公务员考试《申论》实用技巧主要有(　　)。

A. 阅读、概括　　B. 分析、对策

C. 理论联系实际　　D. 掌控时间、字数控制

10. 公务员考试《行政能力测试》实用技巧主要有(　　)。

A. 不放弃原则，不会的题目多花时间

B. 注意力要求高的题目后做

C. 最快拿分，通览试题难度变化，先做简单的，再做难的，快速调整作答习惯

D. 精准涂卡，准备 2～3 支质量好的 2B 铅笔，便于快速涂卡，节省涂卡时间

11. 关于招聘面试，以下说法正确的是(　　)。

A. 一种在特定情景下，经过精心设计，通过主考官与应试者双方面对面地观察、交流等方式

B. 主要从仪表修养、专业水平、工作态度、反应能力和口头表达能力等几个方面进行测评面试者

C. 以谈话和交流为主要手段，谈话内容固定不变

D. 通过面试，面试官可以初步确定求职者是否胜任岗位职责，求职者可以了解工作岗位的职位条件、要求等

12. 以下属于常见招聘面试形式的有(　　)。

A. 一对一面试　　B. 常规考试

C. 非常规考试　　D. 结构化面试、半结构化面试

13. 因调整就业单位，要求改派的同学需携带的材料包括(　　)。

A. 改派申请表、原报到证原件

B. 已就业的同学需出具原单位同意解除就业关系的证明材料（盖原单位公章）

C. 与新单位签订的就业协议书或劳动合同或新单位出具的正式录用函(无人事权的用人单位必须经单位上级主管审批，去北京、上海等地的必须有户口接收函)

D. 家庭户口簿复印件（首页及本人页）

三、判断题

1. 毕业后未落实就业单位的毕业生，可以办理就业报到证。(　　)

2. 毕业离校超过两年的毕业生，就业报到证遗失的，可以补办。(　　)

3. 就业推荐表，顾名思义，即是为了就业而制作出的一份推荐表，一般情况下，就业推荐表为教育部统一规定模式。(　　)

4. 根据相关规定，就业推荐表每名毕业生有一式两份。(　　)

5. 毕业生与用人单位签订就业协议后，需要将推荐表复印件交给用人单位。(　　)

6. 个人简历是求职者给招聘单位发的一份个人情况简要介绍。(　　)

7. 个人简历真正的用处就是让用人单位充分了解自己，从而提供可能的就业机会。因此，简历要写得简洁精炼，切忌拖泥带水。（　　）

8. 诚信是做人之根本、事业之根基。如果在简历中弄虚作假，即使侥幸获得面试机会，但是很难逃过用人单位招聘人员的火眼金睛，后果自然是得不偿失。（　　）

9. 不同岗位的职业技能和素质要求是不一样的，因此，针对不同的岗位，个人简历的内容大差不差，不用根据企业和岗位量身定制。（　　）

10. 求职简历要突出自己的长处，规避自己的短处。（　　）

11. 从学校毕业生就业主管部门获取的信息，一般都具有较强的针对性和可靠性，是毕业生获取就业信息的主要渠道。（　　）

12. 现代社会是信息社会，用人单位的招聘网站和求职中介网站每天都会有大量的招聘信息，毕业生在求职中越来越普遍地应用互联网等媒体获取就业信息。（　　）

13. 求职过程的笔试不同于学校平时的考试，毕业生不需要精心准备，更不需要掌握笔试有关的技巧及细节。（　　）

14. 通过面试，面试官可以证明求职者是否胜任岗位职责，但求职者不可以凭此了解工作岗位的职位条件、要求等。（　　）

15. 毕业生求职面试是一个双向沟通、双向选择的过程。（　　）

16. 一对一面试是最常见的面试形式，即一个面试官面试一个应聘者，一般是面试中的初试。（　　）

17. 结构化面试中所有的应聘者都被问不同的问题，便于面试官客观有效评价。（　　）

18. 半结构化面试中大多数问题是预先决定好的，面试官的随机性不大，开放性命题不多。（　　）

19. 面试是求职者全面展示自身素质、能力、品质的最好时机，是求职成功最关键的一个环节，事关成败。（　　）

20. 毕业生求职面试不需要做好充足的准备，随意发挥即可。（　　）

21. 面试回答考官问题时可以天马行空，尽情发挥。（　　）

22. 在面试中可以适当伪装和掩饰，要以平等的心态面对考官，避免紧张情绪。 （ ）

23. 就业协议书是由各个高校制定，由毕业生、用人单位、学校三方签订的，用以明确毕业生、用人单位和高校在毕业生就业过程中权利和义务的法律文书。 （ ）

24. 就业协议书明确规定了用人单位及毕业生两方的责任、权利与义务，协议书一经签订便视为有效合同，不能随意更改。 （ ）

25. 就业协议书在毕业生持就业报到证到用人单位报到，用人单位为其办理完接收录用手续后，自动终止。 （ ）

26. 毕业生三方协议终止后，毕业生与用人单位应尽快签订劳动合同书，以确立劳资关系。 （ ）

27. 报到证由各个高校印制，各省市就业主管部门依据就业方案签发。 （ ）

28. 报到证共有三联，第一联由毕业生携带到单位报到，第二联由学校负责放入学生档案，第三联学生自己留存。 （ ）

29. 大学生初次就业不一定要选择与自己专业完全相关的工作。 （ ）

30. 毕业生可以不在就业报到证报到期限内到接收单位办理报到手续。 （ ）

31. 大学生求职过程不会产生任何负面情绪。 （ ）

32. 毕业生离校后必须按时凭报到证和户口迁移证到报到证上的报到单位报到，办理相关报到、落户手续。 （ ）

第十一章
大学生就业求职技巧

【教学目标】　引导学生通过各种方法、手段来了解自我，并了解自我特性与职业选择和发展的关系，形成初步的职业发展目标。让学生掌握简历撰写技巧、笔试方法与技巧以及面试方法与技巧。

【教学内容】

1. 外部环境分析工具和自我分析工具介绍；整合职业和个人特性，找准职业定位和方向。

2. 简历撰写技巧、笔试方法和技巧、面试方法和技巧。

【教学方法】　课堂讲授、使用测评工具、案例分析、小组训练。

一、单项选择题

1. 下面不属于 SWOT 矩阵代表意思的是(　　)。

A. Shortcoming　　B. Weaknesses

C. Opportunities　　D. Threats

2. 霍兰德职业兴趣自测（Self-Directed Search）是由美国职业指导专家霍兰德（John Holland）根据他本人大量的职业咨询经验及其职业类型理论编制的测评工具。以下不属于霍兰德人格维度的是(　　)。

A. 研究型、艺术型　　B. 社会型、企业型

C. 传统型、现实型　　D. 想象型、保守型

3. MBTI 职业性格测评是国际上最为流行的职业人格评估工具，此工具把指标分为四个维度，每个维度有两个方向，共八个方面。以下不属于 MBTI 八个方面的是(　　)。

A. 判断和推理　　B. 感觉和直觉
C. 思考和情感　　D. 判断和知觉

4. 以下不属于应届毕业生求职简历必备要素的是(　　)。
A. 个人概况　　B. 兴趣爱好　　C. 教育背景　　D. 工作经历

5. 以下关于求职应聘简历设计技巧不正确的是(　　)。
A. 要有新意和吸引力　　B. 要有针对性和相关性
C. 善用动词和数词　　D. 多用专业术语

6. 以下关于网上求职，填写电子简历的说法，不正确的是(　　)。
A. 少用关键词　　B. 尽量早申请
C. 内容要详细　　D. 心态要平和

7. 以下关于邮件投递电子求职应聘简历的说法，不正确的是(　　)。
A. 邮件要有恰当的标题
B. 发送要选在上班时间
C. 投递后，可多次电话跟进筛选进度
D. 重复投递要谨慎

8. 关于邮寄方法投递求职简历的说法，不正确的是(　　)。
A. 附带相关证书的原件
B. 保证邮寄项目齐全
C. 信封书写美观
D. 信封上最好写明自己应聘的职位

9. 以下关于网络投递简历的技巧，不正确的是(　　)。
A. 经常刷新简历
B. 同一简历投寄同一个公司不同部门多个职位
C. 要用私人信箱
D. 邮件格式要符合招聘单位要求

10. 以下关于求职简历中的求职意向，说法不正确的是(　　)。
A. 要与简历中的知识、经验、技能部分相符
B. 一份简历中允许存在多个求职意向
C. 求职意向的语言精炼、概括性强
D. 求职意向应写在显要位置

11. 关于求职简历中的奖励荣誉，说法不正确的是(　　)。

A. 要写明奖项或荣誉名称

B. 要写明获奖时间

C. 要写明奖项、荣誉的级别和获奖比例

D. 可以罗列各种奖励荣誉

12. 关于简历投递礼仪，说法不正确的是(　　)。

A. 面呈投递，应双手送上

B. 邮寄投递，可以花样折叠

C. 传真投递，要确保传真件便于阅读

D. 电邮投递，正文应有简要说明

13. 关于中文简历印刷字体，说法不正确的是(　　)。

A. 推荐使用宋、楷、黑三类字体

B. 建议字号不要小于五号

C. 字体效果杜绝动态

D. 可组合使用多种字体、字号、字形、颜色、效果

14. 以下关于求职简历设计的说法，正确的是(　　)。

A. 必须带标题“简历”

B. 多留几个联系人的联系电话

C. 列出全部在校课程和成绩

D. 应使用标准的证件照

15. 以下关于求职简历设计制作的说法，不正确的是(　　)。

A. 避免空间浪费，不用留出页面边距

B. 可以不包含封面

C. 应使用光洁程度高的纸张打印

D. 避免使用劣质纸张

16. 以下关于求职信正文的说法，不正确的是(　　)。

A. 要写求职的原因

B. 要写对所谋求的职务的看法以及对自己能力的客观评价

C. 应提出希望和要求

D. 要对公司的不足提出批评

17. 以下关于求职信写作技巧的说法，不正确的是(　　)。

A. 第一部分是自我介绍和写求职信的原因，吸引招聘人员的注意力
B. 第二部分要简短地叙述自己的才能
C. 表明与公司内部人员的特殊关系
D. 结尾要表明求职者的下一步计划

18. 以下关于求职附加材料所做的保护措施，不正确的是(　　)。
A. 注意保存原件，投递使用复印件
B. 注意保护家庭电话和个人身份证等私密信息
C. 确保附加材料仅用于招聘单位内部
D. 针对所有招聘企业，无限制分发投递

19. 以下关于求职信正文的说法，不正确的是(　　)。
A. 要在信中介绍自身情况和求职原因
B. 对自己学习成绩和能力水平要有客观评价
C. 在信中表达自己的求职意向
D. 要对应聘单位的不足提出批评

20. 关于招聘笔试选拔的优势，不正确的是(　　)。
A. 测试具有客观性，便于存档
B. 测试内容广博，结果可信度高
C. 测试具有高效性，可对群体同时施测
D. 指标具有多样性，可测试综合素质

21. 招聘笔试的考察内容，不包括(　　)。
A. 专业知识　　B. 职业知识　　C. 行业知识　　D. 沟通能力

22. 以下不属于招聘笔试类型的是(　　)。
A. 专业笔试　　B. 文化素质测试
C. 心理测试　　D. 交际能力测试

23. 由用人单位给出范围或特定要求，让应聘者通过作文来考察其知识、思维、文字表达能力的一种笔试方式是(　　)。
A. 专业笔试　　B. 文化素质测试
C. 综合能力测试　　D. 心理测试

24. 我国公务员按照A、B两类职位设置招录笔试科目，其中A类职位公共测试科目为(　　)。

A. 行政职业能力测验　　B. 申论

C. 行政职业能力测试及申论　　D. 政治、外语、高数

25. 招聘笔试的主要方法不包括(　　)。

A. 测试法　　B. 论文法

C. 无领导小组讨论　　D. 作文法

26. 笔试测试法包括(　　)。

A. 填充法、是非法、选择法、口头问答法

B. 填充法、画图法、选择法、口头问答法

C. 填充法、是非法、建模法、口头问答法

D. 填充法、是非法、组合法、排列法

27. 以下关于笔试注意事项，不正确的是(　　)。

A. 通览试卷，先解难题　　B. 遵守考场规则

C. 提前准备考试用品　　D. 卷面整洁、字体清晰

28. 应对笔试，不正确的心理是(　　)。

A. 树立信心，克服心理疲劳　　B. 克服怯场心理

C. 乐观面对临场表现　　D. 对笔试内容排斥质疑

29. 以下笔试答题技巧，不正确的是(　　)。

A. 先易后难，先简后繁　　B. 精心审题，字迹清楚

C. 积极思考，回忆联想　　D. 追求完美，不留空白

30. 以下应对考试减压方法，不正确的是(　　)。

A. 饮食减压法　　B. 自虐发泄法

C. 运动减压法　　D. 转移注意力法

31. 以下关于行为面试的说法，不正确的是(　　)。

A. 只考察面试过程中的言行举止

B. 以行为为依据、以目标为导向的有效选才工具

C. 能了解到应聘者的品行是否与岗位要求吻合

D. 以过去和现在的行为预测将来的行为，作为基本假设

32. 以下关于无领导小组面试的说法，不正确的是(　　)。

A. 与传统一对一面试相比，可节约时间

B. 分工合作，体现个人能力和团队合作能力

C. 团队中的分工，体现个人价值排名

D. 团队成员具有独特性价值和共同目标

33. 以下不属于压力面试问题的是(　　)。

A. 你不认为自己的年龄应该早就升到更高的位置了吗

B. 在照料生病的家人和出差外地之间，你会选哪个

C. 你的条件并不符合招聘要求，为什么要来求职

D. 你的专业成绩排名如何

34. 对于多轮持久面试，说法不正确的是(　　)。

A. 人力资源经理面试，主要根据基本素质初筛

B. 部门主管面试，根据业务能力和综合素质考察是否适岗

C. 部门或业务线最高领导面试，考察能否适应或改变现有团队，有多大潜力

D. 签约前最后一轮面试，考察简历内容是否属实

35. 关于求职面试中的自我介绍，说法不正确的是(　　)。

A. 了解时间要求、分条介绍、总结陈词并提问是否有介绍的不够、不清晰的地方

B. 一般介绍学术背景、工作经历、兴趣爱好、性格特点、主要优点

C. 不论企业是否要求，都准备中外文自我介绍并流利地说出来

D. 不要陈述虚假内容、不要讲述无关内容、不要长篇大论

36. 面试中说服考官的四个原则，不包括(　　)。

A. 根据实际需要来说服　　B. 抓住有利时机进行说服

C. 提出可行性方案来进行说服　　D. 当作对手来说服

37. 下列关于职业着装的说法，不正确的是(　　)。

A. 首先，职业着装要与所从事的职业相匹配

B. 应与个人相匹配

C. 应符合大众审美

D. 应凸显个性，张扬自我

38. 职业礼仪所遵循的原则即(　　)。

A. 关心他人需要　　B. 表明敬业精神

C. 体谅别人和尊重别人　　D. 服务他人

39. 以下不违反求职礼仪的是(　　)。
A. 回答问题前，用三秒以内的时间沉默思考
B. 小心地嚼口香糖去除口气
C. 坐满椅子
D. 飘忽不定的眼神

40. 肢体语言不包括(　　)。
A. 目光　　B. 口头语　　C. 距离　　D. 举止动作

41. 以下不属于询问个人信息类的问题是(　　)。
A. 你最大的优缺点分别是什么
B. 在学校你最不喜欢的课程是什么、为什么
C. 你取得的最大成功和遭遇过的最大挫折是什么
D. 你们学校最有特色的专业是什么

42. 以下不属于职业规划与选择类的问题是(　　)。
A. 如果本公司未录用你，最有可能的原因是什么
B. 如果某公司以高薪录用你，你会选择它还是本公司
C. 你未来三年的职业规划是什么
D. 你求职的岗位已录满，愿意考虑其他职位吗

43. 以下不属于综合素质类的问题是(　　)。
A. 你的家人支持你异地求职吗
B. 你如何看待职场新人频繁加班出差这个现象的
C. 在团队中，通常你的角色是什么
D. 你经历过的最大挑战是什么，如何跨越的

44. 以下属于考察处理问题能力的问题是(　　)。
A. 你大学阶段最大的遗憾是什么
B. 你一般都能完成自己设定的目标吗
C. 你怎样定义成功
D. 领导开会布置任务，要求你做你不愿意做的事，你会怎么做

45. 考官：“你认为自己在学校属于好学生的范畴吗?”最合适的回答是(　　)。
A. 好学生的定义比较复杂，我属于全面发展加上专项特长
B. 当然，我是一个品学兼优的好学生

C. 从学习成绩上看，我绝对是好学生

D. 从校园活动上看，我的贡献，应该算是好学生

46. 考官：“谈谈你取得的最大成功和遭遇过的最大挫折是什么?”推荐的回答是(　　)。

A. 用 STAR 方法简述当时的情势、任务、成就和结果

B. 简单说明时间、地点、角色类型和结果

C. 简单说明事件结果和成败原因

D. 详细说明背景、意义、过程、结果和原因

47. 以下关于面试管理，不正确的是(　　)。

A. 详细记录所有面试的时间、地点、公司名称、职位名称

B. 在面试时，问清楚面试结果公布时间、公布方式

C. 在不影响招聘工作人员工作的前提下，通过电话、邮件等方式查询

D. 登门拜访招聘工作人员，详细问清拟录用人员的信息和录用理由

48. 以下关于面试后的感谢，不正确的是(　　)。

A. 得到未被录用的通知，无须感谢

B. 得到未被录用的通知，表示感谢并表达入职期望

C. 得到被录用的通知，详细了解入职手续并致谢

D. 可通过手写感谢信、电子邮件或电话等方式，对招聘工作人员致谢

二、多项选择题

1. 关于个人行为特质分析工具 DISC 测评的描述。DISC 包含四个形容词，这些形容词包括(　　)。

A. 支配性（D）　　B. 影响性（I）

C. 稳定性（S）　　D. 服从性（C）

2. 以下关于个人简历设计技巧，正确的是(　　)。

A. 要有新意和吸引力　　B. 要有针对性和相关性

C. 善用动词和数词　　D. 多用专业术语

3. 以下关于网上求职，填写个人求职电子简历的说法，正确的是(　　)。

A. 少用关键词　　B. 尽量早申请

C. 填写内容要详细　　　　　　　　D. 心态要平和

4. 以下关于通过电子邮件投递个人求职简历的说法，正确的是(　　)。

A. 邮件要有恰当的标题且标题要简洁

B. 发送邮件要选在上班时间

C. 投递后，可多次电话跟进筛选进度

D. 重复投递要谨慎，确认收到后，最好不要再次投递

5. 关于通过邮寄方式投递求职简历的说法，正确的是(　　)。

A. 附带相关证书的原件

B. 按照用人单位要求，确保邮寄项目齐全

C. 邮件封面信息确保完整

D. 信封上最好写明自己应聘的职位

三、判断题

1. 求职简历的篇幅不必控制，越厚越好。(　　)

2. 有折痕和污渍的简历，不可用于面呈求职。(　　)

3. 简历可以载明部分个人信息，如个人爱好和职业规划，不必担心与职位的不匹配。(　　)

4. 通过邮件投递简历，必须使用 PDF 和 TXT 格式，才能保障邮件安全性。(　　)

5. 为享有更多的就业机会，求职网站注册的个人简历，可以永久设置为“对所有人公开”。(　　)

6. 为证明简历真实性，可以在简历后附带大学教师的联系方式和实习公司的客户资料。(　　)

7. 为拉近求职者与招聘者的情感距离，求职简历均应附上近期生活照或艺术照。(　　)

8. 求职简历的排版，可使用多种动态、静态字体效果。(　　)

9. 以突出成绩为主的求职简历，属于业绩型简历。(　　)

10. 以时间倒叙或顺序方式设计的简历，属于时序型简历。(　　)

11. 分模块强调求职者具备的相应职业资质能力的简历，属于业绩型简历。（　）

12. 按一定的时间顺序，分模块强调求职者的专业知识、职业技能、职业经验等方面与职位的匹配程度，这属于比较常见的混合型简历。（　）

13. 求职简历应具有针对性，依据招聘职位要求的硬技能和软技能而展开设计工作。（　）

14. 集介绍、自我推销和下一步行动建议于一身，总结归纳履历表，并重点突出写信人的背景材料中与未来雇主最有关系的内容的文书是求职信。（　）

15. 我国公务员招录笔试，属于专业技能考试。（　）

16. 心理测试，通常包括智力测试和人格测试。（　）

17. 笔试测验法是封闭性考试，论文测验则是开放性考试。（　）

18. 笔试具有严格的答题时间限制，答题人应该不论对错，先答完全部试题，再去检查核对。（　）

19. 求职者的知识、态度、技能不是一张试卷能测评出来的，笔试成绩没有意义。（　）

20. 在参加笔试过程中，由于考场的情绪与紧张气氛的强烈刺激，引起应试者考试情绪高度紧张与胆怯，使正常的答题及思维中断，这种心理现象称为考试的怯场现象。（　）

21. 考试的心理要做到适度紧张和适度放松相结合。（　）

22. 求职面试问答过程，以普通话交流为主，也可采用俚语和地方口音、地方名词。（　）

23. 求职面试问答中，遇到自己不懂的问题，要坦然承认，不可胡编乱造或说大话。（　）

24. 面试官对求职者的表述内容不耐烦时，通常会做些漫无目的的动作。（　）

25. 求职者在各种面试之前，都应准备一份条理清晰的自我介绍，理清面试表达的重点内容。（　）

26. 求职者应了解、把握面试考官的年龄、性别、喜好、阅历经验等方面的特征，结合岗位特质和个人实际情况，有针对性地表述匹配程度和职业规划，赢得面试成功。（　　）

27. 压力面试，主要采用追问、反问、批判或曲解误解等语言表达方式营造压力。（　　）

28. 面试考察专业知识的深度和广度，知识更新是否符合所要录用职位的要求，作为对笔试选拔环节的补充。（　　）

29. 一个人工作的原动力是获得报酬。（　　）

30. 面试官对求职者的第一印象大多是建立在自我介绍基础之上。（　　）

31. 求职者刚进入面试考场，面试官说："我觉得你不符合我们的要求，你可以走了。"这是非压力型面试。（　　）

32. 说服面试官的四原则：根据实际需要来说服，抓住有利时机进行说服，提出可行性方案来进行说服，当作竞争对手来说服。（　　）

33. 面试中，回答职业规划和选择类问题，要表明职业发展路径，以及为此而做出的各项准备和职业价值观。（　　）

34. 面试中，回答个人信息类问题，要坚持人岗匹配原则，好的要提，不好的要省略或不提。（　　）

35. 求职者为上一次的离职或遭遇的挫折寻找外部理由，是考官期望和喜欢的。（　　）

36. 求职者遇到考察处理问题能力类的问题，应分情况区分处理。（　　）

37. 求职者在面试中，可以主动询问考官的个人信息及职业规划，以拉近情感距离。（　　）

38. 求职者在面试中，应察言观色，按照考官喜好加工改造个人信息。（　　）

39. 提问团队意识、服务意识、质量意识、时间意识、积极心态等方面的问题，属于职业规划面试问题。（　　）

40. 提问求职者现状和背景信息的各类问题，属于职业素养类面试问题。（　　）

41. 提问求职者将要做出的就业定位和人生选择，属于职业素养类与选择类面试问题。（　　）

42. 面试问答，要把握个人知识、技能、经验、价值观和职业规划与求职岗位的匹配性，即人岗匹配。（　　）

43. 面试成功后，高校毕业生应及时与用人单位签订劳动合同。（　　）

44. 面试结束后，求职者可以通过感谢信的方式表达对面试官的感谢及对用人单位的赞赏，并再次强调本人是该职位最适合的人选。（　　）

第十二章
大学生未来职场适应

【教学目标】　使学生了解学习与工作的不同、学校与职场的区别，引导学生顺利适应生涯角色的转换，为职业发展奠定良好的基础。

【教学内容】

1. 学校和职场的差别；学生和职业人的差别；初入职场可能会面临的问题以及解决方式。

2. 影响职业成功的因素——所需知识、技能及态度的变化；有效的工作态度及行为；工作中的人际沟通；职业道德培养。

【教学方法】　课堂讲授、职场人物访谈、实习见习。

一、单项选择题

1. 从校园人到职业人的转变，面临着从一名象牙塔里面的学生向社会职业人转变的问题这种转变过程中，最重要的是实现(　　)转换。

A. 角色　　B. 观念　　C. 态度　　D. 情绪

2. 从校园人到职业人的转变，大学生应积极主动完成角色转换。以下说法不正确的是(　　)。

A. 加强职业责任意识的培养　　B. 学会正确地展现自己

C. 培养实事求是的工作作风　　D. 学会站队，维护领导

3. 大学生初入职场要善于展现自己的知识，下面说法不正确的是(　　)。

A. 一定要谦虚、随和

B. 表现指导他人的能力

C. 在尊重有丰富经验同事的同时，适时适度地展现自己的知识

D. 要有耐心，且不可急于求成，盲目表现

4. 诚信是中华民族的传统美德，诚信就是要求人们在行使权利和履行义务的过程中(　　)。

A. 讲究信用

B. 恪守诺言、诚实不欺

C. 在不损害他人利益和社会利益的前提下追求自己的利益

D. 以上说法都正确

5. 大学毕业生在职场中体现个人素质的提升可以采取多种途径，以下不正确的是(　　)。

A. 客观全面评价自己　　B. 主动调整生活节奏

C. 了解环境进入角色　　D. 急于求成、盲目表现

6. 大学生毕业前夕角色转换过程中要注意的是(　　)。

A. 重视毕业实习和毕业设计

B. 注重职场发展技能训练

C. 注意提升职场沟通能力和职场表达能力

D. 以上都对

7. 以下不属于高校毕业生试用期内角色转换注意事项的是(　　)。

A. 保持对工作的新鲜感和学识上的优越感

B. 重视岗前培训

C. 要善于展现自己的知识

D. 要树立工作的责任意识

8. 大学生在从学生角色向职业角色转换的过程中存在的问题不包括(　　)。

A. 怀着对学生角色的依恋　　B. 经济独立后在个人消费上的随意性

C. 对全新的职业角色充满了畏惧　　D. 轻视实践，眼高手低，骄傲自满

9. 初入职场的大学毕业生解决角色转换问题的对策不包括(　　)。

A. 调整就业心态，做好心理准备

B. 热爱本职工作，培养职业兴趣

C. 以高层次人才自居

D. 虚心学习知识，提高工作能力

10. 大学生积极主动地了解社会发展、适应职场要求，为社会所接受是大学生实现人生梦想的前提。以下不属于融入新环境注意事项的是(　　)。

A. 树立良好的第一印象　B. 努力钻研业务

C. 虚心接受批评、正确看待挫折　D. 勇敢地坚持己见

11. 不良心理素质不包括(　　)。

A. 沉默寡言，性格内向　B. 多疑，自我保护意识过强

C. 心胸狭窄，嫉妒心重　D. 为人小心谨慎

12. 建立良好人际关系的方法不包括(　　)。

A. 律己宽人　B. 好好先生　C. 平等待人　D. 诚实守信

13. 初入职场大学生组织内部沟通障碍不包括(　　)。

A. 角色障碍、心理障碍　B. 团体障碍

C. 沟通主体差异障碍　D. 倾听障碍

14. 以下不属于人际沟通“互惠互利”原则特点的是(　　)。

A. 仅仅是物质的等价交易

B. 这种互酬常常是不同步的，不能要求你在物质上帮了我，我就马上给予酬答，而常常是铭记情义，在适当的时候给予答谢

C. 这种互酬常常是不等量的，你给我几分好处，我也不能马上就还你几分好处

D. 交往中一般不仅仅存在作为一般等价物的货币形式，现实生活中其他的报偿形式也同样存在

15. 对于同事、邻居等非亲密关系，其报偿行为不可以表现在(　　)。

A. 在对方需要时，乐意主动提供帮助

B. 在对方患病时，帮助照看病人和孩子

C. 对方不在场，就不要考虑他的利益

D. 提供感情上和精神上的帮助

16. 婚姻、家庭、朋友等亲密关系，其报偿行为不可以表现在(　　)。

A. 对对方的活动表现出关心和兴趣　B. 为对方的成功感到高兴

C. 信任　D. 不需要注意节日和特殊日子的问候

17. 人际交往应遵守的原则不包括(　　)。

A. 互惠互利 B. 诚信原则 C. 相轻原则 D. 发展原则

18. 诚信原则的含义不包括( )。

A. 沟通中要讲真话 B. 做到“言必信”

C. 遵守诺言，实现诺言，说到做到 D. 行失于言

19. 以下不属于沟通的策略和技巧的是( )。

A. 真诚地赞美别人 B. 有效地倾听

C. 注意拒绝的艺术 D. 不必注意批评的方式

20. 大学生与职业人的社会角色不同，不包括( )。

A. 承担的社会责任不同 B. 面对的社会环境不同

C. 所处的文化环境不同 D. 生活需求的不同

21. 个体因社会任务和职业生涯的变迁，从一个角色进入另一个角色的过程，被称为( )，其根本的变化是社会权利和义务的变化。

A. 角色转换 B. 角色适应 C. 角色退出 D. 角色扮演

22. 当前大学毕业生角色转换存在的主要问题，不包括( )。

A. 对原有群体的依恋心理

B. 对社会现实的失望感

C. 经济独立后的在个人消费上的随意性

D. 工作过程中的浮躁心理

23. 企业的管理规范作为员工的行为准则，具有的特点不包括( )。

A. 规范性、强制性 B. 科学性

C. 变动性 D. 群众性

24. ( )是企业规章制度、企业文化与企业战略的浓缩，企业内的“法律法规”，同时还起到了展示企业形象、传播企业文化的作用。

A. 员工手册 B. 企业宗旨 C. 企业战略规划 D. 考评体系

25. 建立良好人际关系的一般原则，不包括( )。

A. 平等原则 B. 互利原则 C. 尊重原则 D. 自我原则

26. 人际交往的( )原则，要求人际交往中注意增加交往频率，寻找共同点，谦虚和宽容。

A. 平等 B. 相容 C. 信用 D. 互利

27. 能将某一工作中有卓越成就者与普通者区分开来的个人的深层次特征是(　　)。

A. 胜任力　　B. 态度　　C. 价值观　　D. 某领域知识

28. 以下关于职业化的说法，不正确的是(　　)。

A. 按照自己的意愿去理解和对待职业，就是职业化

B. 职业化是一种态度，更强调自我约束

C. 职业化是个性的发展要适应共性的要求，将外在要求内化为自我修养，努力追求成为优秀职业人的历程

D. 某领域知识潜在的文化氛围，在职场上大家都用同一种语言说话，用同一种行为和道德准则来办事

29. 胜任力的结构模型，通常用(　　)描绘。

A. 六边形　　B. 树形　　C. 鱼骨形　　D. 冰山模型

30. 大学毕业生在职场中实现个人素质的提升，以下不正确的是(　　)。

A. 客观全面认识自己　　B. 主动调整生活节奏

C. 尽快融入新环境　　D. 表现指导他人的能力

31. 职业的重要性不包括(　　)。

A. 职业能满足人们生存的需要

B. 职业能满足人们建立人际关系、赢得尊重的需要

C. 职业能满足人们生理需要

D. 职业能够满足人们对快乐、满足感和成就感的需要

32. 高校培养学生的职业能力主要包括(　　)。

A. 掌握一般性的知识和健康的身体心理素质

B. 专业知识和专业能力

C. 创新能力、持续学习能力和交往协作能力

D. 以上选项都是

33. 人际交往的(　　)原则就是交往者要有一颗包容的心要有一颗爱心，要有一颗尊重别人的心。爱人者必被人所爱，人与人之间就会产生一种“亲和力”。

A. 平等　　B. 相容　　C. 诚信　　D. 互利

34. (　　)原则主要有两层含义：一是沟通中要讲真话，而不说假话，

做到“言必信”；二是遵守诺言，实现诺言，说到做到。行失于言将有损形象，要尽量避免。

A. 平等　　B. 相容　　C. 诚信　　D. 互利

35. (　　)原则就是沟通双方要意识到世界在变动发展之中。因此在人际沟通的过程中，切不可以不变的观点看待对方，对人的思想、行为的变化都应持客观、公正的态度。

A. 发展　　B. 相容　　C. 诚信　　D. 互利

36. 学生因初入职场问题而产生紧张的情绪体验属于(　　)心理障碍。

A. 焦虑　　B. 抑郁　　C. 自卑　　D. 懦弱

二、多项选择题

1. 以下关于工作态度的说法，正确的是(　　)。

A. 大学生未就业，无法考核工作态度

B. 从过去学习、工作的态度，可以推断将来可能的工作态度

C. 对申请职位的态度，可以推断将来可能的工作态度

D. 工作态度是动态变化又相对稳定的

2. 以下关于岗位和角色的说法不正确的是(　　)。

A. 它们是不同的两个概念，但是使用范围相同

B. 岗位是一个区域，而角色则是一个点

C. 角色可以由不同的职位和岗位担任

D. 它们是两个相同的概念，但是使用范围不同

3. 下列选项是领导力高的表现是(　　)。

A. 积极进取　　B. 正直

C. 积极倾听　　D. 有强烈的权力欲望

4. 以下符合人际关系原则的是(　　)。

A. 以工作顺利开展为重

B. 局部服从整体，眼前服从长远，个人服从整体

C. 区分对待不同对象的上级、平级、下级属性

D. 维护人际关系，可以违反职业操守

5. 以下属于就业人际资源整合的是(　　)。

A. 委托同学代投简历　　B. 拜托教师推荐实习
C. 动员亲友内部推荐　　D. 帮同学做毕业设计

6. 下列选项属于合作能力高的表现是(　　)。
A. 言行一致，诚实可信　　B. 尊重团体的每一位成员
C. 鼓励他人提出多样化的观点　　D. 具备有效讨论的能力

三、判断题

1. 大学毕业生在成功就业，找到理想工作，实现人生阶段性目标后就面临着从一名象牙塔里面的学生向社会职业人转变的问题，社会身份角色的变化不会带来新角色与原来角色冲突。（　　）

2. 大学生在从学生到职业人角色转换时期，个体是否存在角色冲突与心理健康没有关系。（　　）

3. 当个体的角色行为与角色认知或角色期待处于协调状态时，个体就会产生愉悦、舒畅的心理感受。（　　）

4. 当个体的角色行为与角色认知或角色期待处于不协调状态时，个体便处于角色冲突状态，不会产生焦虑、烦恼的情绪。（　　）

5. 大学生在从学生角色向职业角色转换的过程中，往往不会面临着新旧角色冲突。（　　）

6. 人际交往能力的发挥不是适应环境的关键。（　　）

7. 行为特征是指人会做什么，可以看作是在特定情景下对知识、技能、态度、动机等的具体运用。（　　）

8. 个体特征分为五个层次，即知识、技能、自我概念、特质、动机（需要）。（　　）

9. 个体特征的五个层次，其中知识和技能是可见的、相对表面的人的外显特征，动机和特质是更隐藏的、位于人格结构的更深层，自我概念位于二者之间。（　　）

10. 胜任力，是指在特定工作岗位、组织环境和文化氛围中绩优者所具备的不可以客观衡量的个体特征及由此产生的可预测的、指向绩效的行为特征。（　　）

11. 从系统性、相关性和可操作性的原则来看，胜任力的特征结构包括个体特征、行为特征和工作的情景条件。（ ）

12. 在与别人谈话的时候，可以一个劲地只谈“我如何如何”，这不会使对方反感和厌烦。（ ）

13. 在与别人谈话的时候最明智的做法就是提一些对方感兴趣的问题，多让对方谈谈自己。（ ）

14. 大张旗鼓地赞扬，是一种赢得人心的有效方法，它可以提高别人的自尊，从而获得别人的善意协助。（ ）

15. 有效的倾听对建立和谐人际关系无关紧要。（ ）

16. 无规矩不成方圆。在职场中，责任和法纪无处不在，我们只有维护好法纪，履行好自己的职责，才能有一番成就。（ ）

17. 初入职场，无论专业是否对口，无论是否兴趣所在，无论是否“大材小用”，无论薪酬是否合适，无论是否“过渡”或作为“跳板”，毕业生都要坚守一个“勤”字。（ ）

习题答案

第一章 职业发展与规划

一、单项选择题

1-5：CDCAC	6-10：DBCAA	11-15：CAABA
16-20：DDDAA	21-25：ACABB	26-30：DABCD
31-35：BBBAC	36-40：DAABC	41-45：DAABC
46-50：ADCAB	51-55：DCAAD	56-60：CCAAC
61-65：CBDBD	66-70：DBCCB	71-74：BDCA

二、多项选择题

1. ABCD	2. BC	3. ABCD	4. ACD	5. BCD	6. ABCD
7. ABCD	8. ABCD	9. AC	10. AB	11. AD	12. AD
13. BC	14. ABCD	15. AD	16. ACD	17. BC	18. ABCD
19. AC	20. BCD	21. CD	22. BC	23. AC	24. ABC
25. ABD	26. ABCD	27. ABC	28. ABCD	29. ABCD	30. ABCD
31. ABCD	32. ACD	33. ABCD			

三、判断题

1-5：×√×××	6-10：×√××√	11-15：√×√×√
16-20：×××√√	21-25：√√√√√	

第二章 影响职业规划的因素

一、单项选择题

1-5：BAACD 6-10：DADDB 11-15：CDAAB
16-20：CBCCB 21-25：DADDD 26-30：CCABD
31-35：ADDBD 36：C

二、多项选择题

1. ABCD	2. BD	3. AC	4. ABCD	5. BCD	6. BCD
7. ABC	8. ABD	9. ABC	10. CD	11. AB	12. AB
13. ABD	14. ABCD	15. ABCD	16. ABCD	17. AC	18. ABCD
19. BC	20. ABD	21. BCD	22. ABC	23. ABCD	24. ABCD
25. AC	26. CD	27. ABCD	28. ABCD	29. AD	30. ABCD
31. ABCD	32. ABCD	33. CD	34. BCD	35. CD	36. ABCD
37. ACD					

三、判断题

1-5：√×√√√ 6-10：√×√√√ 11-15：√√×√√

第三章　认识自我

一、单项选择题

1-5：BAACC	6-10：CACDD	11-15：ABADA
16-20：BCDCD	21-25：ABBAD	26-30：DBADD
31-35：BBDAB	36-40：ABBDC	41-45：CDAAC
46-50：DDDBA	51-55：ADDDD	56-60：ABBDC
61-65：ABDDD	66-70：CDBDA	71-75：CBBAD
76-80：CAACD	81-85：ABDBA	86-90：DCDCA
91-95：DCCDB	96-100：BDDAC	101-105：BADCA
106-110：DDAAA	111-115：ABBBD	116-120：BBCAB
121：B		

二、多项选择题

1. ABCD	2. ABCD	3. ABCD	4. ABD	5. ABCD	6. ABCD
7. ABC	8. BCD	9. ABCD	10. ACD	11. AB	12. ABCD
13. AC	14. ACD	15. ABC	16. ABCD	17. ABCD	18. ABCD
19. AB	20. ABCD	21. AB	22. BCD	23. BD	24. ABC
25. ABC	26. ABCD	27. AD	28. AC	29. ABD	30. ABCD
31. CD	32. BC	33. BC	34. AB	35. ACD	36. ABCD
37. AD	38. CD	39. BD	40. AD	41. ABCD	42. ABC
43. ABC	44. BCD	45. ACD	46. CD	47. BCD	48. BD
49. ABCD	50. ABC	51. BCD	52. ABCD	53. ACD	54. AD
55. ABCD	56. ABCD	57. ACD	58. CD	59. ABCD	60. BC
61. ABC	62. BCD	63. ACD	64. ABC	65. ABD	66. BCD
67. BC	68. CD	69. ABC	70. CD	71. BC	72. ABC
73. BC	74. ABC	75. CD	76. ABC		

三、判断题

1-5：×√×√√　6-10：××√√×　11-15：××√×√
16-20：×√√×√　21-25：√×√√√　26-30：√×√×√

第四章　了解职业

一、单项选择题

1-5：CDDCB　6-10：ACCCA　11-15：DDCBD
16-20：DBABB　21-25：BBAAA　26-30：CDBBA
31-35：DDCDC　36-40：BCDCD　41-45：BCBDA
46-50：CBBDD　51：B

二、多项选择题

1. ABD　2. ACD　3. ACD　4. ABD　5. AB　6. BC
7. AD　8. ABCD　9. ABC　10. BCD　11. ABD　12. ABCD
13. ABCD　14. AD　15. ABC　16. ABCD　17. ACD　18. ABCD
19. ABCD　20. ABCD　21. AD　22. AB　23. ABD　24. ABCD
25. BCD

三、判断题

1-5：√×√√×　6-10：√√√√√　11-12：√×

第五章 了解环境

一、单项选择题

1–5：DCDAC　6–10：ABACD　11–15：DBDAC
16–18：DBD

二、多项选择题

1. ABCD	2. ABCD	3. ABCD	4. ABC	5. ABCD	6. ABCD
7. ABCD	8. BCD	9. ABCD	10. ABCD	11. ACD	12. AB
13. ABCD	14. ABCD	15. ABCD	16. ABCD	17. ABCD	18. ABCD
19. ABCD	20. ABCD	21. ABC	22. AC	23. AB	24. AB
25. ABD	26. ABC	27. AC	28. ABC	29. AC	30. ABC
31. ABC	32. BCD	33. ABCD	34. ABC	35. AD	36. ABD
37. ABC	38. ABD	39. ABC	40. BCD		

三、判断题

1–5：√√√××　6–10：√×××√　11–15：×√√√×

第六章　职业发展决策

一、单项选择题

1-5：BBDBA　6-10：DABDA　11-15：BCADB
16-20：ADDAC　21-25：BCDDB　26-30：DBBDD
31-35：AAAAA　36-40：CABCA

二、多项选择题

1. ABCD　2. ABC　3. ABCD　4. ABCD　5. ABC　6. ABCD
7. ABC　8. ABCD　9. ABCD　10. ABD　11. AC　12. ABCD
13. ABCD　14. ABCD　15. ABC　16. ABCD　17. ACD　18. ABCD
19. AB　20. BCD　21. ABCD　22. ABCD　23. AC　24. BC
25. AC　26. BCD　27. ABCD　28. AD　29. ACD　30. ABCD
31. ABCD　32. ABCD　33. BC　34. BCD　35. ABC　36. CD
37. ABCD　38. AB　39. ABC　40. BD　41. ABCD　42. AC
43. BC　44. BC　45. AB　46. BC

三、判断题

1-5：√√√×√　6-10：×××√√　11-15：√√√√√
16-20：√×√√√　21-25：×√√××　26-30：×√√√√
31-35：×√√√√　36-40：√√√√√　41：√

第七章　从学生到职业人的过渡

一、单项选择题

1-5：DDAAC　6-10：BACBD　11-15：CABCD
16-20：ABCDB　21-25：CABBB

二、多项选择题

1. ABCD	2. AB	3. ABC	4. ABCD	5. ABC	6. ABCD
7. ABCD	8. ABD	9. ABCD	10. ABC	11. AC	12. ABC
13. ABCD	14. ABCD	15. BCD	16. ABC	17. AD	18. AB
19. CD	20. ACD	21. BCD	22. AD	23. BCD	24. AB
25. ABCD	26. AC	27. AC	28. BCD	29. ABC	30. AC
31. ABCD	32. BC	33. ABCD	34. ABC	35. ABCD	36. BCD
37. ABCD	38. ABC	39. BCD	40. ABCD	41. ABCD	42. ABC
43. ABD	44. BCD	45. ACD	46. ABC	47. ABCD	48. BCD
49. BCD	50. ABCD	51. ABD	52. ABCD	53. ABC	54. ABCD
55. ABCD					

三、判断题

1-5：√√√×√　6-10：×√√√√　11-15：√√×√√
16-18：×√√

第八章　大学生就业政策与项目就业

一、单项选择题

1-5：BACDC　　6-10：DCCDC　　11-15：CCCDC
16-20：CBCAB　　21-25：AACDA　　26-30：CADCC
31-35：BCDCB　　36-40：BABAB　　41-45：DADDD
46-50：DDDCD　　51-55：DCAAA　　56：A

二、多项选择题

1. ABCD　2. ABCD　3. ACD　4. BCD　5. ABCD　6. ABCD
7. ABCD　8. ABCD　9. ABC　10. ABCD　11. ABCD　12. ABC
13. ABC　14. ABC　15. ABC　16. ABCD　17. ABCD　18. ABCD
19. BD

三、判断题

1-5：√××√×　　6-10：××√××　　11-15：√×√√√
16-20：√√×√×

第九章　大学生求职就业准备

一、单项选择题

1-5：DCBDB　　6-10：DCADD　　11-15：CDADB

16–20：BDACA　21–25：BACBD　26–30：BACAD
31–35：BCCAB　36–40：CCACD　41–45：DCADB

二、多项选择题

1. ABD　2. ABCD　3. ABCD　4. ABCD　5. BCD　6. ABCD
7. ABCD　8. AB　9. ACD　10. AD　11. AB　12. ACD
13. ABC　14. AB　15. CD　16. ABCD　17. ABC　18. ABD
19. ABCD　20. ABD　21. BCD　22. ACD　23. BCD　24. ABC
25. ACD　26. ABCD　27. ABCD　28. ABCD　29. ABCD　30. ABCD
31. ABC

三、判断题

1–5：√×√√×　6–10：×××××　11–15：√×√××
16–20：√√√√×　21–25：√×√√×　26–30：√√×××
31–32：√√

第十章　大学生就业流程

一、单项选择题

1–5：CCACB　6–10：CBCDD　11–15：CABCD　16：C

二、多项选择题

1. ACD　2. ABCD　3. ACD　4. BCD　5. ABCD　6. ABD
7. ABC　8. BCD　9. ABCD　10. BCD　11. ABD　12. AD
13. ABC

三、判断题

1–5：√××××　　6–10：√√√×√　　11–15：√√××√
16–20：√××√×　　21–25：×××√√　　26–30：√××√×
31–32：×√

第十一章　大学生就业求职技巧

一、单项选择题

1–5：ADADD　　6–10：ACABB　　11–15：DBDDA
16–20：DCDDD　　21–25：DDBCC　　26–30：DADDB
31–35：ACDDC　　36–40：DDCAB　　41–45：DAADA
46–48：ADA

二、多项选择题

1. ABCD　　2. ABC　　3. ABCD　　4. ABD　　5. BCD

三、判断题

1–5：×√×××　　6–10：×××√√　　11–15：×√√√×
16–20：√√××√　　21–25：√×√√√　　26–30：√√√××
31–35：××√√×　　36–40：√××××　　41–44：×√√√

第十二章 大学生未来职场适应

一、单项选择题

1-5：ADBDD 6-10：DABCD 11-15：DBBAC
16-20：DCDDD 21-25：ACCCD 26-30：BAADD
31-35：CDBCA 36：A

二、多项选择题

1. BCD 2. ABD 3. ABD 4. ABC 5. ABC 6. BCD

三、判断题

1-5：××√×× 6-10：×√√√× 11-15：√×√××
16-17：√√